Eugene Monick · Die Wurzeln der Männlichkeit

.

Eugene Monick

Die Wurzeln der Männlichkeit

Der Phallus in Psychologie
und Mythologie

Kösel

Übersetzung aus dem Amerikanischen: Jürgen Saupe, Dießen.
Die Originalausgabe erschien unter dem Titel »Phallos. Sacred
Image of the Masculine« bei Inner City Books, Toronto, Canada.

ISBN 3-466-34244-9
Copyright © 1987 by Eugene Monick
© 1990 für die deutsche Ausgabe by Kösel-Verlag GmbH & Co.,
München.
Printed in Germany. Alle Rechte vorbehalten.
Druck und Bindung: Kösel, Kempten.
Umschlag: Elisabeth Petersen, Glonn.
Umschlagmotiv: Satyr und Mänade. Innenbild einer Schale (attisch-rotfi-
gurig), 490-480 v.Chr. (Maler: Makron; Töpfer: Hieron). Mit freundlicher
Genehmigung der Direktion der Staatlichen Antikensammlungen, Inv.
2654 WAF.

1 2 3 4 5 6 · 95 94 93 92 91 90

Inhalt

Man (entdeckt) nämlich prinzipiell neue Gesichtspunkte in der Regel nicht in schon bekanntem Gebiet, sondern an abgelegenen, vermiedenen oder sogar verrufenen Orten...

C.G. Jung, *Synchronizität als ein Prinzip akausaler Zusammenhänge*. GW 8, S. 571.

Im Kampf gegen das Heidentum... wird aus Sakralriten Sodomie, aus Kult Hurerei usw.... Das Judentum und mit ihm das Christentum haben hier – bis hin zu Freud – eine für dieses Mißverständnis bedeutsame und unheilvolle Rolle gespielt... Eine Zeit, deren Verständnis dem Transpersonalen gegenüber wieder offen geworden ist, muß diesen Prozeß rückgängig machen.

Erich Neumann, *Ursprungsgeschichte des Bewußtseins*, S. 28.

Ithyphallische Figur, der Phallus als Wasserspeier.
(Haus der Vettii, Pompeji, 1. Jh.n.Chr.)

Einführung

Die Männer müssen den psychologischen Unterbau ihres Geschlechts und ihrer Sexualität besser verstehen, als sie das tun. Man sollte meinen, in einer patriarchalen Gesellschaft würden die Männer die Basis ihrer männlichen Identität ganz normal und spontan begreifen. Gewöhnlich ist das nicht so.

Viele Männer betrachten die Vorherrschaft des Männlichen als selbstverständlich, weil sie sich völlig an ihre höhere soziale Stellung gewöhnt haben. Die Zahl derer, denen die Männlichkeit ein ebenso großes Rätsel wie die Weiblichkeit ist, nimmt jedoch zu. Diese Männer stellen nicht so leicht Postulate über sich, ihr Verhalten und ihren Platz im Leben auf. Sie haben das Gefühl, in ihrer psychischen Situation fehle etwas, und sie machen eine Therapie, um dem abzuhelfen. Dabei werden ihnen oft Definitionen der Männlichkeit angeboten, die nur indirekt die Kluft ansprechen, die sie in ihren Leben spüren. Sie sind durchaus männlich, befinden sich aber außerhalb der Reichweite des Patriarchats. Selbst Männer, die sich in der patriarchalen Struktur sicher verankert wissen, erkennen, daß etwas nicht stimmt, daß die alte Ordnung vergeht.

In der heutigen jungianischen Literatur finden wir kaum etwas allgemein zum Thema Männlichkeit, und seit Erich Neumanns *Ursprungsgeschichte des Bewußtseins* wurde fast nichts über die archetypische Basis der Männlichkeit geschrieben. Ich vermute, dieser Mangel hat seine Ursache in den patriarchalen Haltungen, die in der Psychoanalyse einschließlich Jungs analytischer Psychologie vorherrschen. Man schreibt nicht über etwas, was scheinbar einleuchtend ist. Das Problem ist nur, daß die patriarchalen Haltungen und Werte nicht länger offensichtlich stimmen. Wenn Männlichkeit und Patriarchat nicht auseinander gehalten werden, sind beide gemeinsam dem Untergang geweiht.

Über archetypische Männlichkeit schreiben heißt, sich auf den Phallus, den erigierten Penis zu konzentrieren, Sinnbild und Maßstab des Männlichen. Alle Vorstellungen, die die Männlichkeit definieren, haben den Phallus als Bezugspunkt. Sehnige Kraft, Entschlossenheit, Effektivität, Eindringungsvermögen, Direktheit, Härte, Stärke – allen verleiht der Phallus Nachdruck. Der Phallus ist das grundlegende Zeichen des Männlichen, sein Stempel, sein Gepräge. Die Erektion weist auf eine machtvolle innere Wirklichkeit in einem Mann hin, die sich teilweise seiner Kontrolle entzieht. Diese innere Wirklichkeit kann sich gelegentlich vom bewußten Verlangen eines Mannes unterscheiden. Für einen Mann ist der Phallus eine subjektive Macht, für alle, die mit ihm in Berührung kommen, eine objektive. Das macht den Phallus archetypisch. Kein Mann muß lernen, was der Phallus ist. Er stellt sich ihm dar, wie ein Gott es tut. Ein Mann gebraucht den Phallus; er ist keiner, wenn er das nicht kann. Die Männer müssen ihre Quelle der Macht erkennen und ihr heiliges Symbol ehren. Der Phallus öffnet die Tür zur Tiefe der Männlichkeit.

In der psychoanalytischen Literatur wurde der Phallus als grundlegende psychische Kraft übersehen. Die Väter haben auf ihn als eines der Hauptelemente der Psyche hingewiesen, sind jedoch nicht näher darauf eingegangen. Die Theorie der Psychoanalyse, die freudianische wie die jungianische, weist allein der Mutter als der Grundlage alles Lebens eine Vorrangstellung zu. Das ist ein Fehler.

Da der Phallus in den Theorien über den Ursprung nicht berücksichtigt wird, ist er gezwungen, sich in der Therapie kompensatorisch und verfälschend fühlbar zu machen und erkennbar zu werden. Der Phallus gibt sich nicht so leicht geschlagen. Die patriarchalen Einstellungen herrschen in der psychoanalytischen Behandlung vor, wenn sie auch dem Phallus keine große Bedeutung zumessen. Einige Beispiele: Die Urteile der Analytiker werden für richtig gehalten. Das Erlebnis der Analysanden und ihre Verbindung mit dem Unbewußten werden für weniger wichtig als die Bewertung angesehen, mit der der Analytiker die Situation einschätzt. Daß heute in den analytischen Gesellschaften und Vereinigungen die Komitees zur Überwachung der Moral so aus dem

Boden schießen, ist eine Reaktion auf das beunruhigende Auftauchen des Phallus im Sprechzimmer. Der Phallus wird in den Beratungen gegenwärtig sein, auch wenn er nicht bewußt gerufen wurde. Wenn in jungianischen Kreisen neuerdings das Hauptaugenmerk auf »Rahmenthemen« gelenkt wird, zeigt sich darin fehlender Mut dem Unbewußten gegenüber und eine Regression auf patriarchale Methoden.

Es geht um mehr als die Psychotherapie. Der bedeutende freudianische Psychoanalytiker Theodor Reik gab folgendes zu bedenken: »Die Zukunft wird zeigen, daß der Gebrauch der Analyse zur Behandlung individueller Neurosen nicht ihr wichtigster Anwendungsbereich ist.«[1] Er spricht dabei von der Psychoanalyse als der Grundlage für ein neues Verständnis der menschlichen Natur. Reik schlug vor, die Psychologie wieder mit der Philosophie zu verbinden, aus der sie gegen Ende des neunzehnten Jahrhunderts als Sozialwissenschaft und Medizin hervorging. Philosophische Fragestellungen, die Erforschung der grundlegenden Ursachen und Gesetze der Wirklichkeit, ergeben sich zwangsläufig aus dem Werk Freuds und Jungs, aus der weltweiten Anerkennung des Unbewußten als Grundschicht der psychischen Wirklichkeit. Die Erkenntnistheorie als Zweig der Philosophie ist von Grund auf verändert worden, weil die subjektive, im Psychischen begründete Erfahrung als ebenso wichtig wie die objektiven empirischen Daten in die Betrachtung miteinbezogen wurde.

Die psychoanalytische Behandlung stützt sich zwangsläufig auf philosophische und erkenntnistheoretische Annahmen über die menschliche Natur. Für die Analysanden, ob männlich oder weiblich, ist von entscheidender Bedeutung, wo Männlichkeit und Phallus im Wertsystem des Analytikers stehen oder nicht stehen. Der Phallus ist in der Psychoanalyse wie im Leben stets präsent. Wird der archetypische Phallus nicht beachtet, muß er sich einen Weg suchen, um sich unbewußt in den Prozeß einzuschalten. Wenn der archetypische Phallus anerkannt und in den analytischen Prozeß hereingenommen wird, können wir auf das neue Wissen hoffen, von dem Reik sprach.

Dieses Buch kann nur persönlicher Natur sein. Beim Lesen wird rasch deutlich, daß der Phallus für mich ein existentielles Gottesbild ist. Ich versuchte, psychologisch zu schreiben und wollte nichts Persönliches in den Text miteinbeziehen. Ich erlitt Schiffbruch. Die Folge war, wie schon Jung warnte, daß ich an Orte geführt wurde, um die ich lieber einen Bogen gemacht hätte. Wenn sich Leser vom persönlichen Material abgestoßen fühlen, sollten sie daran denken, daß die Psychoanalyse eher eine Kunst als eine Wissenschaft ist. Die Psychologie ist die Schulung der Seele, und die Seele ist immer eine Erscheinung des Persönlichen.

»Auf einer Reise nach Frankreich und in die Dordogne, im Jahr 1986, wies die Führerin in der Höhle Les Combarelles in der Nähe von Les Eyzies, wo es Ritzzeichnungen an den Wänden gibt, die über 15.000 Jahre alt sind, auf eine Vulva hin, die sehr klein neben Tierzeichnungen zu sehen war. Ich fragte sie, ob es auch ein männliches Zeichen gäbe. Sie bewegte ihre Taschenlampe ungefähr zehn Zentimeter nach links, und dort befand sich ein Phallus…« (Skizze und Notizen des Autors)

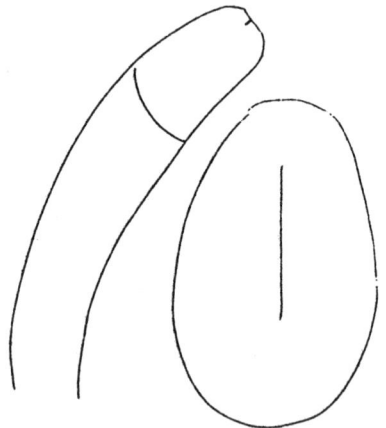

1 Der Phallus und die religiöse Erfahrung

Der Phallus als Gottesbild

Als ich etwa sieben Jahre alt war, zu Beginn der psychosexuellen Phase, die Freud Latenz nennt, kroch ich an einem Sommermorgen ins Bett meiner Eltern. Wir waren in unser Sommerhäuschen am White Bear Lake gezogen, heute eine Vorstadtgegend von St. Paul, aber damals von der Stadt aus nur in einer zweistündigen Fahrt über kleine Straßen zu erreichen. Mutter war schon aufgestanden, um das Frühstück zu machen. Vater war nackt und schlief. Ich war neugierig und schlüpfte unter die Decke. Vielleicht hatte ich sogar eine Taschenlampe dabei, was ein Zeichen gewesen wäre, daß ich etwas erforschen wollte. Oder ich beachtete die Dunkelheit unter der Decke nicht, weil ich spürte, daß eine Entdeckung zu machen war. Auf jeden Fall kauerte ich in der Dunkelheit neben dem Körper meines Vaters und sah zufällig seine Genitalien. Ich richtete den Lichtschein darauf und wurde eines Mysteriums ansichtig. Ich habe keine Ahnung, wie lange ich dort blieb. Die Einzelheiten des Erlebnisses sind verblaßt. Weder damals noch später fielen Worte. Soweit ich weiß, merkte mein Vater nicht, daß ich dort war.
Ich erinnere mich allerdings an den starken Eindruck, den die Episode auf mich machte. Ich denke heute, daß mir die Männlichkeit meines Vaters wie eine Offenbarung erschien. Damals konnte ich sicher nicht ausdrücken, was das war; selbst jetzt habe ich damit noch Schwierigkeiten. Ich weiß jedoch, die Männlichkeit war auf eindeutige Weise vor mir gegenwärtig. Die Organe waren ein Bild, von dem ich noch nicht gewußt hatte. Das Bild deutete auf eine andere Welt, von der ich irgendwie ahnte, daß es sie gab. Bis zu dieser Enthüllung hatte ich aber kein klares Bild, das dem verbor-

genen Gefühl des Grünschnabels eine konkrete Form verleihen konnte. Plötzlich war es in jenen nackten Körperteilen vor mir. Diese andere Welt war zweifellos das damals nur undeutlich wahrgenommene Potential in meinem Inneren, in der Zukunft selbst die Sexualität zu leben. Ich glaube aber auch, es ging um noch viel mehr. Es war der Beginn einer Bewußtheit des Transpersonalen, das sich mir in Verbindung mit männlichen Geschlechtsorganen darstellte. Die Organe waren die meines Vaters, und durch sie war ich entstanden. Sie waren ihrem Wesen nach außerdem archetypisch – waren sogar mehr als mein Vater. Er und ich waren in einer männlichen Identität vereinigt, deren Wurzeln über uns beide hinausreichten.

Die Beziehung zu meinem Vater war in den folgenden Jahren die einer vorsichtigen, auf Abstand bedachten Nähe. Beim Älterwerden stelle ich mehr und mehr fest, wie sehr ich ihm gleiche, viel mehr, als ich früher für möglich gehalten hätte. Gelegentlich bekomme ich ihn aus den Augenwinkeln heraus flüchtig zu sehen, wenn ich mich in einem Schaufenster spiegele. Wenn ich mich rasiere, denke ich manchmal einen Augenblick, daß er mich aus dem Spiegel heraus anblickt. Ich rauche genau so wie er, bekomme langsam einen krummen Rücken wie er, ein verräterisches Zeichen seines Emphysems. Wie er lache ich unvermittelt los, mache mir wie er Sorgen um das Geld. Oft denke ich mir, ich habe so viel Angst vor meinen Gefühlen wie er, selbst nach den vielen Jahren der Psychoanalyse. Ich bin ihm in vielerlei Hinsicht zu Dank verpflichtet, auch weil er damals an jenem Morgen für mich in dem Bett war. Er gab mir etwas, von dem er nicht wußte, daß er es mir gab. Er konnte gar nicht wissen, wie sehr ich es brauchte. Selbst wenn er es geahnt hätte, ein solches Erlebnis läßt sich nicht herbeiführen. Es kommt einfach dazu. Diese erste Enthüllung des Geschlechts meines Vaters war in vielerlei Hinsicht musterhaft für unsere Beziehung über die Jahre. Ich beobachtete ihn und lernte daraus, und das hatte weniger mit ihm als Person, als mit meiner erstaunlichen Entdeckung zu tun, mit meinen Bemühungen während der fünfzig Jahre seit damals, das zu verstehen, was ich an jenem Morgen erlebt hatte.

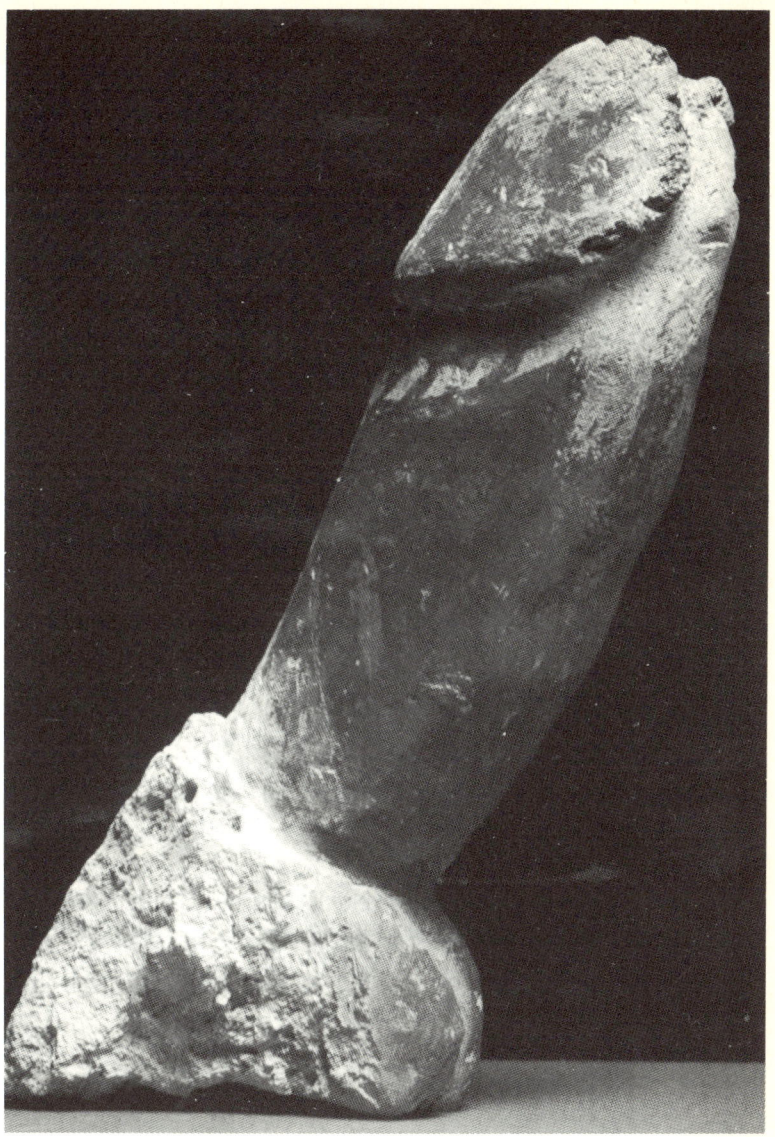

Steinphallus, sechzig Zentimeter hoch, 1. Jh.n.Chr.
(Aus Pompeji, Nationalmuseum Neapel)

Oder, mit den Worten von George Elder:

Der Phallus weist wie alle großen religiösen Symbole auf eine geheimnisvolle göttliche Wirklichkeit hin, die *anders nicht zu fassen ist*. (Hervorhebung von E.M.) In diesem Fall scheint jedoch das Symbol selbst von Geheimnis umgeben… Das Symbol ist nicht als schlaffes Glied… für die Religion wichtig, sondern als erigiertes Organ.[2]

C.G. Jung verstand die Psyche im ursprünglichen griechischen Sinn als Seele, als jenen Teil der menschlichen Erfahrung, der aus dem Innern zu uns kommt. Die Psyche ist vom Schleier des Geheimnisses umhüllt, nuancenreich und bedeutungsvoll, in ständiger Wechselwirkung mit der Welt außen, jedoch keineswegs ihr Epiphänomen. Jung faßte die Religion allgemein als Aktivität der Psyche sui generis auf, die durch nichts anderes zu erklären ist. Trotz Spott und Ablehnung hielt er an seiner Überzeugung fest und verließ so zwangsläufig die Hauptströmung der Psychoanalyse. Dadurch war mir das Werkzeug in die Hände gegeben, das ich zur Erforschung meines Erlebnisses im Bett meines Vaters brauchte. Ohne Jung und seine Sichtweise für die Seele wäre ich vermutlich in meinem Erlebnis festgesessen, ohne Bilder und ohne Weltanschauung, in die ich es hätte einordnen können. Wenn ich Leuten erzähle, daß ich mich für die heilige Natur des Phallus interessiere, lächeln sie gewöhnlich freundlich und wechseln das Thema.

Der Zusammenhang von Sexualität und Religion beunruhigt die Leute. Besonders das Christentum hat beide auf eine Weise getrennt, die sie unvereinbar erscheinen läßt. Die Psychiatrie erhält die Trennung aufrecht, bezeichnet sie als krankhaft und betont sie dadurch noch. Die Kirche erhöht die Religion und wertet die Sexualität ab. Die Psychiatrie verfährt umgekehrt – sie verleiht der Sexualität einen hohen Rang und wertet dabei die Religion ab. Die Vereinigung von Sexualität und Religion ist wie eine elektrische Verbindung. Falsches Anschließen führt zur Katastrophe, kein Anschluß heißt keine Energie. Die richtige Verbindung läßt hoffen.

Jung ist hoch anzurechnen, daß er an seiner Überzeugung festhielt, die unsichtbare Seele sei als psychologisches Phänomen mindestens so wichtig wie das sichtbare Ich – das gemessen und oberflächlich verändert werden kann. Jung sah, daß die Seele dem Individuum Zutritt in ein allumfassendes und ewiges Reich der Psyche verschafft, das die endlichen Grenzen des Ich übersteigt. Seiner Auffassung nach ist Psychologie die Erforschung der Seele und die Schulung, wie sie zu pflegen ist. Ohne Einbeziehung einer Welt, die sich von der des Ich unterscheidet, ist hier nichts zu machen.

In welchem Sinne könnte das Erlebnis im Bett meines Vaters eine religiöse Erfahrung, eine Begegnung mit der Seele genannt werden? Eine Frage, die sich nur schwer direkt beantworten läßt.

Kürzlich kam ein junger Mann zu mir, der die Frau sehr liebte, mit der er seit vier Jahren zusammen gewesen war. Seine Verlobte hatte die Hochzeit wenige Tage vor dem festgesetzten Datum platzen lassen. Er fürchtete, die Familie habe Druck auf sie ausgeübt, kam sich verschmäht und verlassen vor, war zornig und verletzt. Vor allem verletzt. Ich sah, daß er in seinem männlichen Stolz getroffen war. Er sah gut aus, war im Grunde selbstsicher und durchaus in der Lage, aufgrund von Bildung und Beruf etwas aus sich zu machen. Er wußte sicher, daß er diese Frau begehrte, wirkte in seiner Selbstbeherrschtheit fast schon gereift. Er hatte früh den Vater verloren und war sich selbst Vater gewesen. Sein Verletztsein war eine seelische Wunde. Der mögliche Verlust seiner Liebsten hatte ihn stark in seinen Gefühlen getroffen. Seine Verletzung hatte aber auch mit dem drohenden Verlust der Selbstachtung zu tun, weil seine Männlichkeit wie sein Gefühl, eine Richtung zu haben, in Frage gestellt waren. Diese Eigenschaften sind ganz wesentlich mit dem Phallus verknüpft. Junge wie alte Männer leiden, wenn ihre phallische Identität bedroht ist.

Man kann dies als Kastrationsangst verstehen. Das ist eine Möglichkeit, meine Beobachtungen in Worte zu fassen, und doch ist es nur ein Teil der Geschichte. Die Nuancen, das Geheimnisvolle sind verschwunden, wenn klinisch und diagnostisch über Kastrationsangst gesprochen wird. Weshalb wird die Herabsetzung der eigenen Männlichkeit mit dem Verlust des männlichen Geschlechtsorgans gleichgesetzt, wogegen die Erfüllung des Mannseins seinem aktiven Gebrauch entspricht? Diese Frage bringt uns der Offenbarungsnatur des Phallus näher. Die Psyche zeigt sich: für einen Mann trägt der Phallus das männliche innere Gottesbild. Der junge Mann erfuhr eine Bedrohung dieses Gottesbildes, als er sich durch den Verlust seiner Selbstachtung verletzt fühlte. Seine Qual hatte ihren Grund in der Verletzung des Phallus.

Das genau meint Elder, wenn er vom Phallus als einer »geheimnisvollen göttlichen Wirklichkeit« spricht, »die anders nicht zu fassen ist«. Der junge Mann erkannte in seiner intimen Beziehung mit seiner Verlobten, wie hochherzig, liebevoll und freigebig sie war. Durch die Intimität konnte er das Weibliche in seiner Freundin und in sich selbst (seine Anima, um mit Jung zu sprechen) erfassen. Sie bedeutete aber noch mehr für ihn. Seine innere Wirklichkeit als Mann war mit der Beziehung verknüpft: sie formte das Gefühl des jungen Mannes, wer er ist. Das Problem war nicht nur der Verlust seiner Frau. Es ging auch um den Verlust der Identität als Mann. Ein solcher Verlust – oder Gewinn wie in dem Erlebnis mit meinem Vater – ist eine religiöse Erfahrung im Sinne Jungs. Dabei geht es um die Vernichtung der Seele oder um ihren Aufbau als Psyche, die unsichtbare Wirklichkeit, die das Dasein trägt und ihm Sinn verleiht. Mit anderen Worten, sobald der Phallus ins Spiel kommt, geht es um ein Begreifen des Männlichen als etwas Göttliches, das ohne Phallus nicht möglich wäre. Das ist der Schrecken der Kastration. Das war immer so. Der junge Mann schuf sich seine Leidenschaft für seine Verlobte genauso wenig bewußt, wie ich mir die Offenbarung im Bett meines Vaters. Bei beiden handelte es sich um Heimsuchungen. Phallische Heimsuchungen treten immer wieder Generation für Generation in allen Kulturen auf ziemlich gleiche Weise als Überraschung, als Gnade auf. Jung war der Ansicht, daß sich archetypische Muster in der Psyche genau aufgrund solcher ständigen und ähnlichen Wiederholungen zusammengefügt haben. Der Phallus wurde in den Ewigkeiten männlicher Identifizierung mit seinem von innen heraus gelenkten Kommen und Gehen, seinen äußeren Erfolgen und Niederlagen für die Männer zum Gottessymbol. Ich konnte mit dem jungen Mann einen Kontakt herstellen, weil auch ich das Verheerende des phallischen Verlusts gefühlt habe. Ich konnte mit ihm durchhalten, weil ich auch das Wunderbare der phallischen Wiederauferstehung erlebt habe.

Die phallische Wiederauferstehung hängt mit der Fähigkeit des männlichen Glieds zusammen, nach Niederlage und Tod immer wieder ins Leben zurückkehren zu können. Jedesmal, wenn der Phallus im Orgasmus explodiert, stirbt er auch. In großer Erregung strömt Energie aus dem Phallus als der Quelle des Lebens, und seine Zeit ist vorbei. Der Mann hat sich verausgabt. Stille kehrt wieder, ein Verlangen nach Ruhe überkommt den Mann, als würde er ins Grab sinken – sein Bedürfnis zu schlafen. Elder weist darauf hin, daß der Phallus Erektion ist, nicht schlaffer Penis. Der körperliche Phallus wurde zu einem religiösen und psychologischen Symbol, weil er unabhängig von der Entschlossenheit des Ich selbst die Entscheidung trifft, wann und mit wem er in Aktion treten will. Er ist so eine angemessene Metapher für das Unbewußte und insbesondere für die männliche Erscheinungsform des Unbewußten.

Der Penis ist Phallus *in potentia*, ob das nun äußerlich sichtbar ist oder nicht. Sowohl beim Austausch mit dem jungen Mann im Sprechzimmer wie in dem Erlebnis mit meinem Vater war das Potential des Phallus gegenwärtig, auch wenn der Phallus selbst es nicht war. Ich kann mir vorstellen, daß ich mir damals sagte: »So werde ich also aussehen, wenn ich ein Mann bin. Nicht nur ich werde groß werden, sondern das da auch.« Ich kann es mir jetzt vorstellen, weil in mir immer noch der Siebenjährige ist, voller Staunen, daß jener Vorhang aufgegangen ist.

Vom psychologischen Standpunkt aus gesehen handelt es sich um ein religiöses Erlebnis. Ein Erlebnis, das zugleich eine Offenbarung ist – wie meine Entdeckung in der Kinderzeit oder das Trauma des jungen Mannes in der Liebe –, hat eine dauerhafte Wirkung auf das Leben. Wenn es sie nicht hat, ist es kein religiöses Erlebnis. Alles Selbstverständliche ist weltlich – gewohnt, ohne viel Bedeutung, ohne Numinosum, ohne zu bannen. Das Numinosum mag potentiell gegenwärtig sein, doch ein tiefes Erleben findet nicht statt. Das ist der Fall, wenn mit dem Penis bloß uriniert wird, wenn man ganz vergißt, welches Schatzhaus der Energie man in der Hand hält, das kosmische Werkzeug, das große Heldenschwert. Als ich mich dem Erwachsenenalter näherte und tat, was man als junger Mensch so tut, vergaß ich das Erlebnis. Ein funktionierendes Ich wirkt darauf hin, das Bewußtsein früher religiöser Erfahrungen zu blockieren, damit das Gras gemäht und Mathematik gelernt werden kann. Doch tief in der Nacht kehrt das religiöse Erleben in Andeutungen und erotischen Erschütterungen durch die feine Krakelierung der Töpferware des Ich zurück, wenn wir die Störung am wenigsten erwarten. Dann wissen wir, daß sich ein Gott hereinschleicht, dessen Gegenwart in frühen Jahren schon spürbar wurde.

In den folgenden Jahren wehrte ich mich dagegen, die Offenbarung meiner Kindheit als Manifestation des männlichen Gottesbildes gelten zu lassen. In den kulturellen Strukturen meiner Sozialisation – zur Schule gehen, ein guter Staatsbürger sein, einen Beruf haben – war der Phallus unterdrückt. In dieser Welt ist kein Platz für den Phallus als Gottesbild; er hat im Alltagsleben nichts zu suchen. Der körperliche Phallus wird nur insgeheim zugelassen – in der Verschwiegenheit von Hotelzimmern und Pornoläden, beim Witzereißen mit den Jungs, in endlosen Phantasien und in der Welt der Homosexuellen – verstohlen und im Schutz der Dunkelheit. Der Phallus ist nirgendwo offen zu sehen: er schleicht sich ein, da uns seine Gegenwart peinlich ist. Die Verhüllung durch die Bettdecke, das Halbdunkel und das Unbewußte meines frühen Erlebnisses waren paradigmatisch.

Die Männer verstecken ihre Quelle der Autorität und Macht, zeigen ihre Geschlechtlichkeit, ihre Genitalien nicht, was dem Bogen entspricht, den die Kultur um den Phallus als Gottesbild macht. Die Männer setzen Phallussurrogate an die Stelle der Sache selbst – Autorität in der Familie, berufliche Überlegenheit, Aufbau von Institutionen, Frauen als Besitz, körperliche Tüchtigkeit, Reichtum, Religion, Politik, Intellekt und Anpassung an die Gesellschaft. Vielleicht soll so der Gott abgeschirmt werden, als könnte das Verbot der direkten Zurschaustellung eine Verletzung des heiligen Tabernakels und eine Schwächung des Samenpotentials verhindern. Das physiologische Phänomen, daß die Hoden bei Gefahr näher an den Rumpf herangezogen werden, spiegelt psychologische Schutztendenzen. Der Gott wird im geheimen Einverständnis männlicher Verschwiegenheit verehrt. Die Männer wissen etwas, über das sie nicht direkt sprechen. Sie lachen gemeinsam darüber, verstehen sich ohne weiteres, sprechen jedoch nicht offen davon. Die Männer kennen eine Welt gemeinsamen Wissens, ohne sich besondere Mühe zu geben, das auszutauschen, was sie wissen. Auch hier kommen wir der religiösen Natur des Phallus und den Tiefen nahe, aus denen er ins Leben der Männer emporsteigt. Die Männer haben keine Möglichkeit, über das zu sprechen, was zugleich bekannt und unbekannt ist.

Männer entblößen ihr phallisches Glied, wenn sie allein sind, wenn sie sich mit ihrer Leistungsfähigkeit, ihrer Tüchtigkeit wohl fühlen, wenn sie das Geheimnis intim mit einem anderen Menschen erleben können oder wenn sie sich gestatten, sich zu nichts als zur Zeugungsfähigkeit zu bekennen. Sie tun es, wenn die Kraft des Geheimnisses zu mächtig wird, wenn der Gott nach Ausdruck verlangt. Männer sind nur in einem gegenseitig akzeptierten männlichen Bezugsrahmen gemeinsam nackt, wie zum Beispiel beim Duschen nach dem Sport. Selbst dann achten die Männer darauf, den Phallus nicht zu zeigen. Es ergibt sich ein Konflikt. Die Genitalien der Männer befinden sich außerhalb des Rumpfes und sind kaum zu verbergen. Der Phallus ist seiner Natur nach extravertiert, während die weiblichen Organe introvertiert sind. Der Phallus ist sichtbar, er will sich deutlich, ja aufdringlich zur Schau stellen. Der Phallus steht, als wolle er bemerkt werden. Es wird nach einer Möglichkeit gesucht, mit dem »Doublebind«, der ausweglosen Konfliktsituation zurechtzukommen: dem Bedürfnis, das zu verstecken, was offen gezeigt sein will. Die oben erwähnten männlichen Ersatzverhaltensweisen und - konstruktionen dienen dazu, den Konflikt zu lösen. In den modernen westlichen Gesellschaften müssen die Männer allerdings für sich allein zufällig darauf kommen, wie das zu bewerkstelligen ist. Die Kultur ist sich so wenig bewußt, wie wichtig der Phallus ist, daß sie den jungen Männern keine angemessenen Möglichkeiten bereitstellt, den Weg in die erwachsene Männlichkeit zu finden. Es gibt das männliche Verlangen nach Bruderschaft – nach männlicher Verehrung des Gottes – doch kaum Möglichkeiten, sie in die Tat umzusetzen. Es gibt keine Initiation. Die Folge ist häufig übertriebene Zurschaustellung oder übertriebene Abschirmung.

Vor fünfundzwanzig Jahren wurde ich kurz nach meiner Hochzeit von der Episcopal Church nach Uganda geschickt, um ein Semester in einem theologischen College in der Nähe von Mbale zu unterrichten. Die Studenten bereiteten sich auf die Priesterweihe vor. Bis auf zwei hatten alle als junge Heranwachsende vor einigen Jahren in ihren Stämmen am Ritual der Beschneidung teilgenommen. In Uganda war damals die Beschneidung der Männer Anlaß zu großen Festlichkeiten im Stamm. Die rituelle Beschneidung war der Brauch, durch den aus dem Jungen ein Mann wurde, und dazu war erforderlich, daß er die Prüfung ohne Wimperzucken oder Zurückweichen über sich ergehen ließ. Die beiden unbeschnittenen Männer unter unseren Studenten in Buwalasi unterschieden sich von den anderen. Sie waren wahrscheinlich die beiden einzigen Unverheirateten. Was Vitalität, Auftreten und Männlichkeit betraf, waren sie den anderen deutlich unterlegen. Einer der beiden war nicht da gewesen, als seine Zeit der Beschneidung kam, weil seine Großmutter in der Ferne gestorben war. Einerlei, er hatte den Zeitpunkt verpaßt; sein Leben war verändert. Er war kein Mann.

Initiationsrituale der Männer schleichen sich heimlich ein, gerade weil man heute bei uns nicht weiß, wie wichtig sie sind. In meinem Fall kam zur zufälligen Entdeckung der Männlichkeit meines Vaters noch die Mitgliedschaft in einer fest zusammengewachsenen Pfadfindergruppe, die einen abgelegenen und wilden Lagerplatz an einem Fluß im Norden Minnesotas benutzen durfte. Unser Ritual bestand darin, daß jeder Junge nachts zu einem ländlichen Friedhof geführt, nackt ausgezogen und allein gelassen wurde. Er mußte den Weg durch einen Wald zurück zum Lagerplatz finden, der etwa eine Meile entfernt war. Natürlich konnte er weder in einer Farm nach dem Weg fragen, noch ein Auto auf der Straße anhalten. Schließlich wurden solche Prüfungen vielleicht mit guten Gründen genau wie die Schikanen der Studentenverbindungen untersagt, aber an ihre Stelle ist nichts anderes getreten. Das Problem läßt sich nicht so einfach lösen. Auf jeden Fall ist deutlich, daß der Phallus das Leere verabscheut.

Für mich spitzte sich der Konflikt zwischen dem Gott im Innern und der Gesellschaft außen in Hinsicht auf den Phallus so zu:

entweder nahm ich das Erlebnis der Offenbarung im Bett meines Vaters wirklich wichtig, oder ich gestand mir ein, daß meine Bejahung der Wirklichkeit des Unbewußten nicht ausreichte. Dem phallischen Gottesbild ausweichen bedeutete dem Unbewußten in seiner Unterstützung der Ich-Anpassung ausweichen. Das Unbewußte machte Angebote, und der Phallus stellte Forderungen. Ich konnte nur den Schluß ziehen, daß der Phallus als etwas, das strenge Prüfungen auferlegt, wunderbar und zugleich sehr wunderlich ist. Religiöse Menschen haben dasselbe immer von den Göttern gesagt.

Religio und Reduktionsanalyse

Jung wies darauf hin, daß das lateinische *religio* von *relegere* kommt, das »wieder durchgehen, wieder erwägen, sich erinnern« bedeutet. Er stellte fest, daß die Kirchenväter *religio* von *religare* ableiteten, »zurückbinden, festbinden«.[3]

Sich erinnern und zurückbinden stellen eine Verbindung zwischen Religion und Psychoanalyse her, der Disziplin, die vergessene und verdrängte persönliche Erlebnisse wieder zugänglich macht. Jung verstand in seinem Interesse am kollektiven Unbewußten unter *religio* viel mehr als nur die Wiederentdeckung persönlicher Momente in der Zeit und der Wirkung, die sie auf die gegenwärtigen Schwierigkeiten eines Menschen ausübten. Jung wollte eine existentielle Beziehung mit dem fördern, was über das Ich hinausgeht – mit dem Selbst, wie er den zentralen, ordnenden Archetyp der Psyche nannte. Erinnern ist in diesem Sinn eher etwas Allgemeines als etwas spezifisch Persönliches. Es ist sokratisch: aus einer Person herauslocken, was in ihrer psychischen Konstitution an sich enthalten ist. Daher war Jung der Mythos einer Person wichtig. Im Mythos spricht das archetypische Erbe zu uns. Es ist nicht empfehlenswert, in jüngeren Jahren aktiv das Unbewußte suchen zu wollen, denn da machen wir Erfahrungen, wie ich im Bett meines Vaters, und bewegen uns weiter. Wir erinnern uns später, wenn der Blick für die Dinge im richtigen Verhältnis und eine Übersättigung an Erlebnissen die Reflexion ermöglichen. Dann steigen Wellen der Erinnerung auf.

Ein Offenbarungserlebnis läßt sich psychoanalytisch auf verschiedene Weisen erklären. Eine reduzierende Erklärung, die auf nichts verweist, was über die Dynamik persönlichen Erlebens hinausgeht, ist falsch, weil sie die Bilder im Unbewußten außer acht läßt. Die An- oder Abwesenheit eines archetypischen Gottesbildes läßt sich nie bloß reduktiv, das heißt nur als ein Faktor persönlicher Geschichte vollständig verstehen. Elders Behauptung, das Bild des Phallus weise »auf eine geheimnisvolle göttliche Wirklichkeit hin, die anders nicht zu fassen ist«, ist eine zentrale Aussage. Damit gibt Elder zu verstehen, daß der Phallus hier archetypisch, aus eigener Energie heraus wirkt. Er verlangt Aufmerksamkeit, ganz gleich, unter welchen Umständen er sich manifestiert. Elder stellt fest, daß »das Symbol selbst von Geheimnis umgeben scheint«. Das läßt daran denken, daß das Symbol eine Bedeutsamkeit hat, die den Umständen seiner Manifestation vorausgeht. Es kann nicht ohne eine Lebenssituation auftreten, die ihm einen Einlaß verschafft, aber hier geht es um den Archetyp, nicht um die Situation. Der archetypische Phallus steht ähnlich hinter dem physischen, wie der physische Phallus hinter dem Samenerguß beim Geschlechtsakt. Jungs Interesse an echten Symbole macht Sinn: ein Symbol *ist*, es verweist auf eine Wirklichkeit, die anders nicht erkennbar ist. Sonst wäre es kein Symbol.

Zurückbinden, etwas wieder durchgehen hat mit der Kraft zu tun, die im ursprünglichen Erlebnis gegenwärtig war. Aus diesem Grund führen Psychoanalytiker die Analysanden zurück in die Abreaktion des früheren Traumas. Die Situation muß noch einmal gelebt werden, um die Fixierung rückgängig zu machen. Wenn das ursprüngliche Erlebnis jedoch archetypisch war, kommt der Rückkehr zu dem Bild eine eigene Bedeutung als einer Offenbarung der Psyche zu. Sie zeigt dann nicht bloß eine Fixierung, einen Stillstand in der Entwicklung an. Tatsächlich führt das fehlende Bewußtsein, daß es sich um eine Offenbarung handelt, selbst schon zu einem Stillstand der Entwicklung. Alles hängt von dem »Zurück« ab, mit dem man Verbindung aufnimmt. Eine archetypische Offenbarung im Sinne

Erigierte Phallen auf der Insel Delos, Griechenland (3. Jh.v.Chr.)

einer bestimmten Lebenssituation erklären zu wollen – ganz gleich, wie sehr das Auftauchen des archetypischen Bildes von jener Lebenssituation abhängt – läuft darauf hinaus, sie als nicht archetypisch zu behandeln, als weltliches Ereignis, dem die transpersonale Kraft fehlt. Das ist die psychologische Entsprechung zur christlichen Sünde wider den Heiligen Geist.

Die Autonomie des Phallus

Unser Wort autonom geht auf die Verknüpfung von griechisch *autos* (selbst) und *nomos* (Gesetz) zurück. Alles Autonome folgt seinem eigenen Gesetz, seiner inneren Natur.

Die Bedeutsamkeit der Autonomie in der Religion liegt in der erlebbaren Tatsache, daß die transpersonale Dimension der Psyche im unpassendsten und überraschendsten Moment über das Ich hereinbricht. Wenn wir gerade denken, alles sei in Ordnung, wir hätten unser Leben im Wesentlichen im Griff, macht uns ein Geschehnis bewußt, daß das gar nicht stimmt. Wenn wir Blätter wären, die im Wind schweben, käme es mehr auf den Wind an, wo wir landen, als auf die Absichten der Blätter, ihre Farben, ihren Bau, ihre Entstehungszeit am Ast des Baumes. Autonomie im Hinblick auf den Phallus ist in der erlebbaren Wirklichkeit der Männer begründet, daß sie den Phallus nicht dazu bringen können, dem Ich zu gehorchen, ganz gleich, wie sehr sie sich das wünschen mögen. Der Phallus hat seinen eigenen Kopf. Der Phallus und das Transpersonale sind beide autonom.

Ein alter Freund, ein Methodist, der sich nicht so leicht auf sexuelle Witze einließ, erzählte mir fröhlich folgendes Rätsel: »What is a soldier? A hard cock with a man at the end of it.« (Was ist ein Soldat? Ein gespannter Gewehrhahn, steifer Schwanz, mit einem Mann am anderen Ende.) Dieselbe Volksweisheit wird auch anders ausgedrückt, was in den Workshops angesprochen wurde, die ich zum Thema Männlichkeit hielt: »Was macht man mit einem Schwanz, der nicht zu reden aufhört?« »Ein Mann denkt immer mit seinem Schwanz.«

Ein Mann erzählte mir einmal, daß er bei seiner langjährigen Gefährtin öfter impotent war. Ganz gleich, was er dann versuchte, sein Penis wollte sich nicht in einen Phallus verwandeln. Eines Tages führte er eine junge Frau auf einen Drink aus. Sie verbrachten die Zeit damit, von sich zu sprechen und was sie bewegte. Er redete, und unter dem Tisch war der Phallus da, aufgerichtet und einsatzbereit. Was er bei seiner Gefährtin unter Einsatz von Willenskraft nicht zustande brachte, war ungebeten mit der jungen Freundin da. Er war verlegen, wie gewöhnlich alle Männer es sind, wenn so etwas geschieht. Er wünschte es sich andersherum, aber der Phallus, in seiner Autonomie, tat ihm nicht den Gefallen. Sein Körper (Arnold Mindell würde von seinem »dreambody-Traumkörper« sprechen)[4] war gegen die Absichten des Ich.

Ein Mann muß begreifen, daß das geschehen kann und zu seiner phallischen Natur gehört. Es ist vielleicht nicht das, was sich sein Ich wünscht, aber der Gattin treu sein bleibt ohne Einfluß auf die autonomen Regungen des Phallus, ganz gleich, wie sehr das sexuelle Verhalten eines Mannes von der Treue bestimmt ist. Männer kommen in die Sprechstunde des Analytikers und machen sich Sorgen, daß mit ihnen etwas nicht stimmt, weil ihre phallischen Impulse ein Verhalten nahelegen, das allem widerspricht, was sie für richtig und anständig halten. Aber natürlich! Der Phallus wird nicht von Ich oder Über-Ich beherrscht, obwohl das beim phallischen Handeln durchaus so sein kann. Phallisches Verhalten kann durch die Forderungen der Zivilisation eingeschränkt werden. Diesem Punkt werden wir uns noch zuwenden. Hier geht es um die phallische Autonomie und die Ähnlichkeit, die sie ihrem Wesen nach mit der Autonomie des Unbewußten hat. Hier steht oder fällt die religiöse Bedeutsamkeit des Phallus, wobei mir die Leser das Wortspiel verzeihen mögen.

Jung schrieb in der Vorrede zur zweiten Auflage von »Die Beziehungen zwischen dem Ich und dem Unbewußten«:

Ich erwähne diese Tatsache, weil ich dadurch bekunden möchte, daß die vorliegende Schrift nicht eine einmalige Erscheinung ist, sondern der Ausdruck eines über Jahrzehnte sich erstreckenden Bemühens, den eigentümlichen Verlauf des »drame intérieur«, des Wandlungsprozesses der unbewußten Seele zu erfassen und – wenigstens in seinen Hauptzügen – darzustellen. Diese Idee der *Selbständigkeit des Unbewußten*, welche meine Auffassung so prinzipiell von derjenigen Freuds unterscheidet, dämmerte mir schon 1902...[5] [Hervorhebung von E.M.]

In Jungs Beschreibung der unbewußten Psyche sind »autonom« und »Selbständigkeit« austauschbar. Es war wirklich Jungs Gefühl für

das Geheimnis und die Autorität des dem Ich überlegenen Unbewußten, das ihn 1914 radikal von Freud trennte, wie das Zitat
nahelegt. (Freud erkannte ebenfalls, wenn auch nur widerwillig, die
Überlegenheit des Unbewußten und setzte sich zum Ziel, den Zustand umzukehren.) Das Ich reagiert wie der bewußte Mensch
angesichts des Unbekannten mit Angst und Zittern auf die Gewalt
des autonomen Unbewußten. Auf einer mikrokosmischen Ebene
gleicht es dem oben erwähnten Mann, der sich prinzipiell auf seine
Gefährtin festgelegt hat und beim Zusammensein mit einer anderen
Frau plötzlich erlebt, wie sich der Phallus unter dem Tisch regt. Die
Entdeckung ließ ihn wohl kaum vor Angst zittern... obwohl es nach
reiflicher Überlegung vielleicht dazu kam. Das Zeichen war doch
zu gewaltig. Die unerwartete phallische Reaktion auf das »süße
junge Ding« erschütterte ihn in seinen Grundfesten.

Wenn wir die sexuellen Zusammenhänge tiefer sehen wollen, ist
uns der Beitrag des bekannten Religionshistorikers Mircea Eliade
eine Hilfe. In seinem Buch *Ewige Bilder und Sinnbilder* schreibt
Eliade »die bestürzende Popularität der Psychoanalyse« dem Um-
stand zu, daß sie zu einer neuen Aufmerksamkeit für das Symbol
beigetragen habe: »als eine eigengesetzliche Form der Erkenntnis
bot es sich nun dem Blick dar«.[6] Die Verwendung des Adjektivs
»eigengesetzlich« (autonom) stellt eine Verbindung zwischen Eliade und Jung her, der die Psyche als unabhängig vom Ich sah. Eliade
erörterte die Sexualität als eine solche »eigengesetzliche Form der
Erkenntnis«. Er ließ die bedeutsame Feststellung folgen,

daß die Sexualität immer und überall eine ›mehrwertige‹ Funktion gewe-
sen ist: daß deren erster und vielleicht höchstrangiger Wert die ›kosmo-
logische Funktion‹ ist und daß eine Wiedergabe irgendeiner psychischen
Situation, vollzogen nach Begriffen des Sexuellen, in keiner Weise eine
Herabwürdigung bedeutet. *Immer und überall – außer in der modernen
Welt! – war die Sexualität eine ›Erscheinung des Heiligen‹* und war der
Geschlechtsakt ein allumfassender Akt – also auch ein Hilfsmittel im
Dienste der Erkenntnis.[7] [Hervorhebung von E.M.]

Die Sexualität ist so betrachtet ein Mittel, den Kosmos zu erfahren.
Die Sexualität ist als »eine eigengesetzliche Form der Erkenntnis«

ein Weg in das Mysterium der Schöpfung, eine Möglichkeit, sich dem Gottesbild zu nähern und an ihm teilzuhaben. Eliade scheint anzudeuten, daß die Sexualität mehr als *ein* Weg ist. Sie ist vielleicht *der* Weg. Die Menschen nehmen durch ihre sexuelle, sinnliche, orgastische, triebmäßige Erfahrung Verbindung mit ihren tieferen Aspekten auf.

Statt »Erscheinung des Heiligen« können wir auch Hierophanie sagen. Im Griechischen bedeutet *hieros* heilig, *phainein* zeigen, deutlich machen, erhellen. Nach Eliade liegt die Bedeutung der Sexualität darin, daß sie den Menschen das offenbart, was über das Ich hinausgeht – das Göttliche, um es mit einem Begriff der Religion auszudrücken. In die Begriffswelt Jungs übersetzt enthält die Sexualität eine Offenbarung des archetypischen Charakters des Unbewußten. Religion hat so zwangsläufig mit Sexualität zu tun. Die organisierte Religion fördert entweder eine Verbindung mit der archetypischen Wirklichkeit oder unterbindet sie. In dem einen Fall handelt es sich um gute Religion, im anderen um keine gute. Auf jeden Fall können es die Menschen aufgrund ihrer Geschlechtlichkeit gar nicht vermeiden, in den Prozeß der Hierophanie hineingezogen zu werden, ob sie nun religiös sind oder nicht. Die große Wichtigkeit, die alle Menschen der Sexualität beimessen, hat ihren psychologischen Grund in der Tatsache, daß sie ein Mittel ist, um in die Wirklichkeit des Heiligen zu gelangen und sie zu erfahren. Instinkt (oder Trieb) und Archetyp sind Bettgenossen, zwei Seiten einer Münze, wie Jung lehrte. Das Gottesbild spricht die Sprache der Libido. Gott ist, wie es in der Bibel heißt, die Liebe.

Wie schon in der Einführung erwähnt war Theodor Reik der Ansicht, die Zukunft würde erweisen, »daß die Anwendung der Analyse zur Behandlung individueller Neurosen nicht ihr wichtigster Geltungsbereich ist«.[8] Ich möchte Reiks Prophezeiung mit Eliades Bemerkungen verbinden, und zwar in dem Sinn, daß ein tieferes und umfassenderes Verstehen des Symbols, einschließlich der Sexualität, die Symbol ist, das Selbstverständnis der Menschheit erweitern und vertiefen kann, ebenso das Verständnis der gewaltigen Kräfte, die im Unbewußten leben. Die Psychotherapie ist eine Möglichkeit, Menschen in die hierophanische Bedeutung der Sexualität einzuführen, die nur zum Teil wissen, was sie mit ihrer Sexualität tun. Das geht allerdings nur, wenn die Psychotherapie als ein Hilfsmittel im Dienst der Selbsterkenntnis gesehen wird und nicht bloß Symptome lindern soll. Die religiösen Folgerungen, die sich aus Jungs Auffassung des Unbewußten ergeben, fließen noch kaum in die psychoanalytische Praxis ein, obwohl schon sechzig Jahre vergangen sind, seit seine grundlegenden Schriften verfaßt wurden.

Numinosum, Fascinum, Bann

Jungs Auffassung des übergeordneten Selbst, das »den Gesamtumfang aller psychischen Phänomene im Menschen«[9] bezeichnet, bezieht sich auf das Werk des deutschen Theologen Rudolf Otto, dessen Buch *Das Heilige* zuerst 1917 erschien, als er Professor in Marburg war. Otto wollte ein auf Erfahrung beruhendes Verständnis der Religion im Gegensatz zu einem rationalen oder dogmatischen begründen, und das gewann ihm die Zuneigung Jungs.

Otto bezeichnete eine authentische Erfahrung des Heiligen als *numinos*; sie bringt dem Subjekt die direkte Erkenntnis der übernatürlichen göttlichen Kraft. Er sprach von der numinosen Erfahrung als einem »einzigartigen Erfassen eines Etwas, dessen Beschaffenheit zunächst nur wenig mit unseren gewöhnlichen Moralbegriffen gemein zu haben scheint, das aber später mit der höchsten und tiefsten moralischen Bedeutung ›geladen wird‹«.[10] Der Begriff Moral hatte für Otto nichts mit einem sittlichen Prozeß zu tun, sondern vielmehr mit diesem »Etwas«, das keine greifbaren, sondern psychologische Wirkungen hervorbrachte. In der Äußerung oben können wir psychologisch an die Stelle von moralisch setzen. Ottos Worte beschreiben mein Erlebnis im Bett meines Vaters, wenn wir meine Wahrnehmung des Phallus als dieses »Etwas« verstehen.

Für Otto war der geistige Zustand, in dem das Numinose wahrgenommen wird, »vollkommen sui generis« und »nicht definibel im strengen Sinne«.[11] Ottos Verständnis der außerordentlichen, subjektiven Qualität einer Erfahrung des *Numen* (in Ottos Buch in der

Liste der übertragenen Fremdworte als »übernatürliches Wesen noch ohne genauere Vorstellung« bezeichnet)[12], war für Jung hilfreich, als er die Kennzeichen einer persönlichen Erfahrung des Selbst verdeutlichen wollte. Das ist immer noch ein wichtiges Thema. Jung suchte nach einem Weg, um ausdrücken zu können, daß die Erscheinung eines Gottesbildes eine Manifestation des Selbst sein könnte, also nicht pathologisch ist, sondern vielmehr psychologisch begründet wäre. Wenn Jung außerdem über Freuds reduktive Methode, mit der er die Psyche zu verstehen suchte, hinausgehen wollte, benötigte er eine Sprache, die ihm die Psychologie damals nicht zur Verfügung stellen konnte. Ottos Terminologie half Jung eine Wahrnehmung, die außerhalb des Ich geschah, und die emotionalen Reaktionen zu erklären, die durch eine solche Wahrnehmung in einem Menschen hervorgerufen wurden.

Jung übernahm von Otto den Begriff *Mysterium tremendum*, mit dem sich eine subjektive Erfahrung des *Numen* ausdrücken läßt, von der Otto schrieb, daß sie in einer Person Scheu und das Gefühl des Zunichtewerdens hervorruft, ein Einströmen von Energie und das Bewußtsein mit sich bringt, daß etwas »Ganz Anderes« gegenwärtig ist, außerdem Faszination.[13] Jung wußte, daß das die menschlichen Reaktionen auf die Gegenwart eines Gottesbildes, eines Symbols des Selbst sind. Jung begriff, daß jeder Archetyp seinem Wesen nach nicht darstellbar ist. Wir ahnen die Gegenwart eines Archetyps, weil sich ein (geistiges, sensorisches oder affektives) Bild einstellt. Noch wesentlicher ist dabei, daß der emotionalen Reaktion, die vom Bild im Empfänger ausgelöst wird, eine starke Intensität zukommt. Die Auffassung, daß der Phallus ein numinoses Gottesbild ist, wird durch das Werk Ottos und Jungs gestützt.

Eine bestimmte Reaktion auf die Gegenwart des Numinosen wird von Otto als *Fascinans*, etwas Faszinierendes bezeichnet. Thomas Wright bemerkte 1866 in seinem Essay »A Worship of the Generative Powers«, daß »bei den Römern ein Name für das männliche Organ *fascinum* war... hieraus [sind] die Worte faszinieren und Faszination abgeleitet.«[14] Jung verwendete zur Beschreibung der Reaktion auf ein Bild des Selbst Begriffe wie *Faszinosum* und *Numinosum*, stellte aber, soweit ich weiß, nie eine Verbindung

31

zwischen *Fascinum* und Phallus her. Er traf jedoch die bemerkenswerte Feststellung: »Der Phallus ist die Quelle von Leben und Libido, der Schöpfer und Wundertäter, als welcher er überall Verehrung genoß.«[15]

Der Phallus läßt als ein Objekt der Faszination erkennen, daß er zu verzaubern vermag, was auch die Grundbedeutung des lateinischen *fascio* ist. Um noch einmal zur kleinen Geschichte am Anfang dieses Kapitels zurückzukehren, meine Reaktion auf die Enthüllung des Phallus im Bett meines Vaters war Faszination. Verzauberung zieht stark an, ist elementare Neugier, vermag uns auf magische Weise vom Alltäglichen zum Numinosen hin zu bewegen – Kennzeichen einer religiösen Erfahrung. Ein Analysand zum Beispiel erzählte, wie er vor kurzem auf einer Reise nach Ägypten auf einen Obelisken reagierte: »Ich konnte den Blick nicht abwenden von ihm.« Die Erfahrung wiederholte sich jedesmal, wenn er ihn sah. Die Faszination ist eine Bindung der Seele, die Erfahrung, daß ein Symbol zu verzaubern vermag, uns emotional packen und eine verborgene Macht erkennbar werden lassen kann.

Wenn es zu diesem Erlebnis kommt, stellt sich häufig eine weitere Reaktion ein, die als Bann oder Hörigkeit bezeichnet werden kann. Bann ist ein reichlich anachronistischer Begriff, der recht emotional klingt. Hörigkeit wird im heutigen Sprachgebrauch für weibliche Gebundenheit an den Phallus verwendet. Fesselung der Aufmerksamkeit ist vielleicht weniger blumig als Bann, läßt aber kaum an die Hingebung denken, die bei Bann mitschwingt. Die Männer neigen dazu, diesen Aspekt ihres Interesses am Phallus zu verdrängen und mögen ihn weder bei sich noch bei anderen Männern. Bann spielt auf Sklaverei, Zwang, Verehrung an. Wenn Frauen so auf den Phallus reagieren, halten das die Männer für angemessen oder gar wünschenswert, aber für sie selbst gilt das um Gotteswillen nicht. Die Männer *sind* schließlich Phallus. Man verehrt nicht das, was man ist.

Würdevolle Bescheidenheit dem Phallus gegenüber ist eine Ich-Haltung und beschreibt ganz und gar nicht die tatsächliche psychologische Situation der Männer. Männer können so wie Frauen vom Phallus gebannt sein, möglicherweise sogar noch stärker, da die kulturellen Phallusverbote so mächtig sind. In Wirklichkeit verehren die Menschen das, was sie sind, und beten es an. Sie können sich idealisierten Darstellungen menschlicher Attribute verpflichtet fühlen, können Göttern dienen, die eine Verbindung zwischen menschlichen Eigenschaften und Bildern aus dem Unbewußten herstellen. Das *Numinosum* dringt in unser Leben ein, wo und wann es die Gelegenheit findet, zum Teufel mit dem Ich. Das erfahren üblicherweise verheiratete Männer, die in der Lebensmitte überrascht vom Phallus gebannt sind und voller Entsetzen befürchten, sie hätten einen homosexuellen Anteil in sich. Ob das gleich bedeutet, daß ein Mann homosexuell ist, ist eine rein hypothetische Frage. Es weist allerdings auf eine archetypische und numinose Anwesenheit des Phallus unterhalb des Bewußtseins hin, die bei manchen stärker und faszinierender als bei anderen ist. Grund zu hysterischer Angst besteht keiner. Vom Phallus gebannt zu sein ist ein Anzeichen der Hierophanie des Männlichen. Das kann in unser Leben genau wie ein Bann eingebaut werden, der von Jesus oder auch Jung ausgeht, ohne daß der Zug gleich entgleisen muß.

Lampe aus Terrakotta, etwa zwanzig Zentimeter hoch, 1. Jh. n. Chr.
(Aus Pompeji, Nationalmuseum Neapel)

2 Der archetypische Phallus

1 Die Verehrung des Phallus

Hier ist nicht der Ort, einen Überblick über die antiken Erscheinungen der Verehrung des Phallus zu geben, wenn auch historische Vorläufer dazu beitragen können, den Phallus als Gottesbild zu begreifen. Es gibt Hilfsmittel für den, der sich ernsthaft informieren will, zum Beispiel Alexander Stones *The Story of Phallicism* (1927), auch zwei Aufsätze – einer von Richard Payne Knight, »A Discourse on the Worship of Priapus« (1786), der andere von Thomas Wright, »A Worship of the Generative Powers« (1866) – die zusammen in einem Band mit dem Titel *Sexual Symbolism* nachgedruckt wurden.

In den westlichen Ländern findet sich so gut wie keine kollektive, offene Verehrung des Phallus. Wir finden sie nirgendwo auf der Welt als lebendige Wirklichkeit, außer in Indien, wo bestimmte hinduistische Gläubige Shiva als *Lingam* (Phallus) sichtbar als Bild der Gottheit zulassen. Der Shivaismus, heute einer der Kulte des modernen Hinduismus, ist nach Alain Daniélou die älteste Religion, die in der Neusteinzeit (10.000-8.000 v.Chr.) in den dravidischen Völkern Indiens entstand, die sie auch ans Mittelmeer brachten, wo aus ihr der griechische Kult des Dionysos hervorging. Daniélou nannte das Zeichen Shivas, den *Lingam* oder Phallus

das geheimnisvolle Organ, durch das das Prinzip des Schöpferischen sichtbar dargestellt wird … das in sich das Sperma [enthält], das potentiell das gesamte Erbe der Ahnen, der Rasse und die genetischen Eigenschaften des zukünftigen Menschen enthält… das Organ, durch das eine Verbindung zwischen Mensch (oder Tier oder Blume) und der schöpferischen Kraft hergestellt wird, die die Natur des Göttlichen ist. Es ist das vollkommenste Beispiel eines Symbols.[16]

Shiva sprach,
Ich bin nicht getrennt vom Phallus.
Der Phallus ist eins mit mir.
Er zieht meine Gläubigen zu mir
Und muß deshalb verehrt werden.
Wo ein aufrechtes männliches Organ ist,
Bin ich selbst gegenwärtig, auch wenn keine andere Darstellung von mir
vorhanden ist.[17]

Das *Linga-Purana* lehrt weiter:

Die Grundlage der gesamten Welt ist Phallus.
Alles ist aus dem *Linga* geboren.
Wer die Vervollkommnung der Seele erstrebt, muß den *Linga* verehren.[18]

Im *Shiva-Purana*, *Vidyeshvara-Samhita* heißt es noch: »Er ist das
Symbol des Ursprungs aller Dinge. Der Phallus ist... das Symbol
des Gottes.«[19]
Hier liegt der Grund für den Bann, und nicht nur für Frauen. Der
Lingam wird in Indien von den shivaistischen Hindus in Gestalt
eines aufrechten Steins oder einer Figur des Gottes verehrt, die
ithyphallisch ist (eine Erektion zeigt). In den Tempeln des Shivaismus wird der *Lingam* in der *Yoni* dargestellt, einem kreisförmigen
Stein, der für das weibliche Organ steht. Daniélou stellte ferner fest,
daß der *Lingam* häufig in Gestalt eines Pfeilers auftritt, »wie sich
das fast überall auf der Welt findet«.[20]
Die Feststellung erinnert an Jungs bedeutsame, aber nur schwer zu
deutende Äußerung, die im vorigen Kapitel zitiert wurde: »Der
Phallus ist die Quelle von Leben und Libido, der Schöpfer und
Wundertäter, als welcher er überall Verehrung genoß.«[21] Jungs
Bemerkung ist seltsam, weil es sich um eine Nebenbemerkung in
einer allgemeinen Darstellung der psychischen Energie handelt, und
der Hinweis, der Phallus genieße »überall Verehrung« durch nichts
gestützt scheint. Die Feststellung deckt sich trotzdem völlig mit der
Auffassung des Shivaismus über die Bedeutung des Phallus als
sichtbares Zeichen der männlichen schöpferischen Energie, die auf
die Ebene des Heiligen gehoben ist.
Die Verehrung des Phallus als historische Erscheinung und Phallus

als psychologisches Gottesbild sind nicht dasselbe. Sie stehen in einer Beziehung zueinander, sind aber nicht unbedingt voneinander abhängig. Jungs Bemerkung, daß der Phallus überall verehrt werde, ist eine psychologische Erklärung und keine, die gesamthistorisch verstanden werden kann. Mein knapper Hinweis auf den hinduistischen Shiva soll zeigen, wie die Kraft des Phallus vollständig im Rahmen einer religiösen Kultur erscheinen kann, und welche Richtung die Deutung nimmt, wenn der Phallus psychologisch gesehen wird. Eine ehemals vorhandene, beherrschende phallische Gottheit, die dem Shiva ähnelte, ist von der Oberfläche des westlichen Lebens verschwunden. Es ist sicher anzunehmen, daß sich der Phallus ins Reich des Unbewußten begeben hat, wo sein Einfluß nicht weniger beherrschend ist.

Lingam in der *Yoni*, Einheit von männlich und weiblich.
(Pitt Rivers Museum, Oxford, England)

Erinnern wir uns an diesem Punkt, daß sich Jung in seinem Konzept der Struktur des Unbewußten wesentlich von Freud unterscheidet. Für beide war das Unbewußte begrifflich in zwei Teile zu trennen. Bei Freud ist ihre Abgrenzung nicht so eindeutig wie bei Jung. Für Freud war das Unbewußte das, was sich im psychischen Feld eines Menschen befindet, aber dem Bewußtsein nicht zugänglich ist. Der eine Teil waren die vergessenen und verdrängten Erinnerungen aus der Vergangenheit; der andere, das Es, war instinktiver Natur, das Erbe der menschlichen Rasse, beherrscht von Sexualität und Selbstverleugnung. Jung nannte den einen Teil – die vergessenen und/oder verdrängten Erinnerungen unseres historischen Lebens – das persönliche Unbewußte. Was Freud das Es nannte, wurde von Jung mit zum kollektiven Unbewußten gerechnet. Freud richtete seine Aufmerksamkeit zum größten Teil auf das, was bei Jung das persönliche Unbewußte hieß, die Wirkung, die die Vergangenheit eines Menschen auf seine Gegenwart hat. Jung richtete seine Aufmerksamkeit zum größten Teil auf die instinktiven Muster in der Psyche, die im großen und ganzen der Grund sind, warum die Menschen so und nicht anders denken, fühlen und sich verhalten.

Das kollektive Unbewußte wurde bei Jung zu einem weiter entwickelten Konzept als das Es bei Freud. »Weiter entwickelt« ist eine Untertreibung. Die Einbeziehung von Freuds Es bei Jung war zwar wichtig genug, stellte aber letztlich nur den Ausgangspunkt für seine Erforschungen und Theorien des unermeßlichen Substrats der Psyche dar. Einen zentralen Platz in der Struktur des kollektiven Unbewußten (das Jung auch die objektive Psyche nannte) nehmen die Archetypen ein, typische Modelle, die für die Strukturierung ähnlicher Dinge sorgen, im Sinne der platonischen Idee, des Ideals. Jung war der Ansicht, daß archetypische Muster die Verhaltensweisen bestimmen, die sich im Leben der Tiere und Menschen zeigen, die Art, wie Bilder im menschlichen Bewußtsein erscheinen. Archetypisches Strukturieren wird nicht erlernt. Die Muster ähneln ihrer Art nach den Instinkten (Freuds Es) und finden sich auf der ganzen Welt, bei allen Rassen und Völkern, ganz gleich, wie sehr sie sich kulturell unterscheiden. In diesem Sinn sind sie transpersonal: die Strukturen sind allgemein, nicht auf eine persönliche Verbindung mit dem Archetyp begrenzt.

Archetypen rufen Bilder hervor, die von Geist und Körper empfangen werden. Der Phallus ist ein solches Bild. Der Phallus ist ein archetypisches Bild, insofern er ein universelles Attribut der Männlichkeit ist, das überall eine ähnliche Wertigkeit und Bedeutung trägt. Er wird nicht mit jeder neuen männlichen Geburt wiederentdeckt oder neu gelernt. Die phallische Strukturierung ist in der tiefsten Ebene der Psyche eingebettet und daher so angeboren wie die Männlichkeit selbst. Ein Mann erbt archetypische phallische Eigenschaften so, wie er seinen Penis erbt. So wie der Penis eines Mannes typisch für ihn ist, so ist auch sein phallisches, archetypisches Muster charakteristisch für ihn. Während sich bei jedem Mann die Wahrnehmung der Bilder irgendwie von der seines Nachbarn unterscheidet, ist der Phallus doch seinem Muster nach erkennbar ähnlich und leicht von allem zu unterscheiden, was nicht phallisch ist.

Der Rest des Kapitels bringt drei Beispiele archetypischer, phallischer Bilder, die direkt auf mein Leben als Erwachsener eingewirkt haben, Bilder, die mich auf eindringliche Art persönlich berührten, über die ich mit einer Intensität und Vertrautheit schreiben kann, die auf persönliche Weise religiös sind. Jedes dieser Beispiele war in meiner subjektiven Erfahrung eines objektiven archetypischen Bildes auf seine Art mit Verehrung, Autonomie, Faszination und Numinosität verbunden.

Ein transpersonaler phallischer Traum

Im Jahre 1968 war ich schon seit drei Jahren Pfarrer der St. Clement's Church in New York City. St. Clement's war in fast jeder Hinsicht eine ungewöhnliche episkopale Kirche, eine Art wunderschönes, frühreifes Kind der sechziger Jahre. Bis auf das Abendmahl am Sonntag war sie ein Theater. Daß im liturgischen Rahmen Platz für Theater war, machte ein Experimentieren mit dem Gottesdienst möglich. Wir konnten schrittweise bestimmte Bräuche fallenlassen, die einer natürlichen Kommunikation im Wege standen, konnten »das Wort« aus anderen Quellen als jenen empfangen, die traditionellerweise für religiös angesehen wurden. Die Gemeinde fluktuierte und befand sich in einem Übergangsstadium, war gescheit und kunstverständig und neigte stark dazu, die Grenzen von Konvention und Autorität in Frage zu stellen. Die Leute waren politisch unruhig, mehr auf der Suche, als von innerer Gewißheit getragen. Jeder Sonntagmorgen war wie eine Eröffnungsvorstellung; man konnte nie wissen, was geschehen würde. Außerdem interessierte sich die Presse für St. Clement's, und so wurde in den Medien unaufhörlich über uns berichtet.

Als Pfarrer war ich einem gewaltigen Druck ausgesetzt. Ich war zugleich bereit und nicht bereit, die Stelle auszufüllen. Ich mußte in sie hineinwachsen. Von mir wurde erwartet, daß ich die Gemeinde führe, und das war auch meine eigene Erwartung, aber ich war mir nicht sicher, wie ich sie führen sollte, weil es immer weniger festen Halt gab. Meine eher konservativen politischen und theologischen Ansichten änderten sich rapide. Ich geriet zwar nicht ins Schwimmen, war jedoch nervös und gelegentlich unsicher. Sehr oft wurde ich von der Gemeinde geführt.

Damals arbeitete ich analytisch mit Esther Harding, der ersten jungianischen Analytikerin in den Vereinigten Staaten. Sie war eine ältere, zart wirkende unverheiratete Dame, die Tochter eines englischen Geistlichen. Ich brachte ihr meinen Traum von einem großen Phallus, der in einem Kreis nackter Männer erschien, die am Boden lagen. Jeder Mann berührte die Wurzel des Phallus mit den Füßen, und jeder hatte die Hand am erigierten Glied seines Nachbarn. Esther fragte nach dem zentralen Bild: »War es der Phallus eines Mannes?« – »Bestimmt nicht«, erwiderte ich, »dafür war er viel zu groß«. – »War es der Phallus eines Riesen?« fragte sie. »Nein, auch dafür war er viel zu groß.« – »Also, was glauben Sie, *wem* er dann gehörte?«

Daraus folgte, daß er für mich ein Gottesbild war, eigentlich sogar ein Symbol des Selbst. Ich erinnere mich, daß sie ihre Fragestellung und meine Überraschung lustig fand. Ich war weniger belustigt, eher von der Möglichkeit verwirrt, daß der Phallus so stark wie die Gottheit gegenwärtig sein konnte. Als christlicher Priester war mir bei einem phallischen Gottesbild gar nicht wohl zumute, St. Clement's hin oder her. Ich wußte nicht, was ich mit einem solchen Fingerzeig tun sollte oder wie ich ihn in mein Leben einbauen konnte.

Die Psychologie als die Wissenschaft von der Seele interessiert sich vor allem für die verborgene innere Person, deren Mittelpunkt das Selbst ist, wie Jung es nannte. Jung wählte den Namen Selbst für den zentralen Archetyp der Seele, weil der Begriff auf grundlegende Weise das *Mysterium tremendum* (um mit R. Otto zu sprechen) mit der persönlichen Erfahrung des wahrnehmenden Ich verknüpft. Wenn wir auf uns (als Ich) verweisen, sprechen wir von »mir selbst«. Damit verfehlen wir ganz knapp Jungs Sprachgebrauch; »ich selbst« besteht aus zwei Worten, von denen das eine eben das Ich meint, das andere, »selbst«, eine zentrale übergeordnete Persönlichkeit. Auf gewisse Weise deutet die Sprache auf Jungs Auffassung des Selbst, auch wenn sich die wenigsten Menschen bewußt sind, wozu sie sich mit diesem Sprachgebrauch bekennen.

Traumbilder wie das oben erwähnte haben eine Wirkung auf den Träumer, ob sich der Träumer der Wirkung bewußt ist oder nicht. Träume funktionieren eigentlich genau wie andere »gegebene« psychologische oder physiologische Phänomene. Wenn ich einen steilen Hügel mit einem ziemlichen Zahn hinunterrase, und unten macht die Straße eine scharfe Kurve, muß mein Wagen sie nehmen, oder er landet im Graben. Das Vorhandensein der Kurve hängt nicht davon ab, ob ich weiß, daß es sie gibt. Es kommt nur darauf an, daß mir die drohende Gefahr bewußt ist, und ich den Wagen entsprechend lenke.

Mein Traum war ein Geschenk des Unbewußten zu einem Zeitpunkt, als mir klar wurde, daß mir etwas fehlte. Der Traum bot mir ein Bild männlicher Präsenz und Standfestigkeit, der Autorität und Virilität, als mein Ich an seine Grenzen gestoßen war, als ich Hilfe benötigte. Jung betont immer wieder, daß sich das Selbst zu solchen Zeiten bemerkbar macht – Christen würden von Gnade sprechen.

Aber wieso der Phallus? Vermutlich weil mein bewußtes Ich ein Bild brauchte, das ihm Substanz verleihen konnte. In diesem Fall befähigte es mich, aufzustehen, wie der Phallus aufsteht, der zwar vielleicht manchmal nicht leistet, was er soll, aber doch lebendig und fraglos präsent ist. Das Bild flößte mir Mut ein, ließ mich über den Unsinn in St. Clement's lachen, als ich gerade anfing, ihn zu ernst zu nehmen. Es stellte mein Ich auf eine Grundlage, so kräftig und fest wie der bereite Phallus selbst. Es gab mir die Fähigkeit, meinen Samen auf die Weise in die Gemeinde zu säen, die für mich richtig und natürlich war.

Im Bild der Männer, in der Form eines Mandala an der Wurzel des Phallus, die Hände an den Gliedern der Nachbarn, schwingt deutlich etwas Homosexuelles mit. Das Unbewußte kümmert es wenig, daß die Anspielung auf Homosexualität einem Mann Unbehagen bereiten kann. Wenn ein solches Bild in der Lage ist, einen Mann mit einem Ruck aufzuwecken, auf eine Kraftquelle hinzuweisen, die er nie ins Auge gefaßt hat, eine Richtung anzuzeigen, die es einzuschlagen gilt, dann kommt das Bild, ganz gleich, ob es Unbehagen schafft oder nicht. Hier haben wir ein Beispiel dafür, daß die Vorstellung Freuds, der Traum schütze den Schlaf der Ich-Abwehr zuliebe, seine Grenzen hat.

Homosexuelle Impulse sind häufig ein Hinweis, daß ein Mann ein Einfließen des Männlichen in sein Leben braucht. Ob er dies je sexuell auslebt oder nicht, ist eine andere Sache. Das Bedürfnis konzentriert sich ganz direkt auf den Phallus, oder auf eine Reihe symbolischer phallischer Darstellungen, die gewöhnlich nicht als erotisch aufgefaßt oder erlebt werden. Der Phallus bringt immer eine Konkretisierung der männlichen Kraft. Für einen unsicheren Mann ist der Phallus beinahe buchstäblich ein Geschenk des Himmels, ob der Phallus selbst erscheint (wie in meinem Traum) oder in allen möglichen verwandten Formen.

Mein Traum mit dem Phallus war nicht in erster Linie erotisch. Er war ein Bild von Männern, die sich im Kreis um ein archetypisches Gottesbild der Männlichkeit verbündet haben. Die Männer waren nicht in einem Liebesakt begriffen, gaben sich keinem erotischen Spiel hin. Ihre Verbindung war organisch und offen und legte etwas

Altjapanische Steingruppierung, archetypisch ähnlich dem Traumbild des Autors, einem »großen Phallus, der in einem Kreis nackter Männer erschien, die am Boden lagen«.

anderes als Eros nahe. Der transpersonale Phallus – ein überlebensgroßes Glied, das über die Männer im Kreis hinausragt, ein Stützpfosten, mit dem jeder über seine Füße in Kontakt ist, die auf ihm als einem »Boden« ruhen, jeder Mann mit dem nächsten über die Hand und den individuellen Phallus in einer Art männlicher Bruderschaft verbunden, ein Mandala einträchtiger Phallusträger – das ist die zentrale Botschaft des Traumes. Jeder Mann ist in gewissem Maß zu homosexuellem Interesse fähig, jeder Mann hat ein homosexuelles »Radikal« – wie der dänische Psychoanalytiker Thorkil Vanggaard es nennt.[22] Wie es sich in einem Mann zeigt, hängt von dem Gleichgewicht des Männlich-Weiblichen in seiner Psyche ab, der Konfiguration der Archetypen tief in seinem Unbewußten, den Einflüssen seiner Umgebung, vom genetischen Erbe und von dem Maß, mit dem er sein homosexuelles Interesse unterdrückt oder verdrängt hat.

Homoerotik tritt in Erscheinung, wenn ein Mann dringend männliche Bestätigung braucht und sein Hunger nach dem Phallus zu einem sexuellen Verlangen wird. Hier spielen drei einzelne Faktoren mit. Einer ist das homosexuelle Radikal, das sich in allen Männern findet, ein weiterer das Auftauchen einer betonten Erotik, die ihren Grund in dem Radikal und einem Bedürfnis hat. Ein dritter ist das Ausagieren des homoerotischen Verlangens im sexuellen Verhalten. Wie und wann sich einer dieser Faktoren in einen anderen umwandelt, ist eine wichtige Frage, geht aber über den Rahmen dieser Arbeit hinaus. Hier geht es vor allem darum, daß homosexuelle und homoerotische Probleme, die von Männern in der psychoanalytischen Behandlung geäußert werden, einen archetypischen Kern haben und in der Therapie in diesem Licht betrachtet werden sollten. Eliade wie Jung schreiben, daß die Sexualität, die heterosexuelle wie die homosexuelle, im Grunde ein religiöses Thema ist. Sie öffnet in der Psyche eine Tür, die dem Gottesbild, das hinter ihr steht, einen Zugang ins Ich-Bewußtsein ermöglicht.

Der Riese von Cerne

Wir können ein bemerkenswertes archetypisches Bild des Phallus in dieser Figur erkennen. Sie ist sechzig Meter lang und in den Hang eines sanften Kreidehügels in der Nähe des Dorfes Cerne Abbas eingeschnitten, in Dorset, einer ländlichen Grafschaft an der Südküste Englands. Der Riese zeigt stolz seine Erektion, die zusammen mit den Hoden etwa zwölf Meter lang ist, was etwa zwanzig Prozent der gesamten Figur ausmacht. Das ist eine sehr große Erektion. Bei einem Mann, der einsachtzig groß ist, macht eine Erektion von fünfzehn Zentimetern acht Prozent seiner Körperlänge

Der Riese von Cerne.
(Aus: *The Tourist Guide to Dorset*)

aus. Zwanzig Prozent von einsachtzig wären 36 Zentimeter, eine
wirklich rare Erektion (und praktisch nicht zu gebrauchen). Die
Erektion des Riesen ist beinahe so lang wie sein Kopf. So eine
Darstellung hat sicher eine symbolische Bedeutung.
In der rechten Hand hält der Riese eine knotige Keule, die wie zum

Schlag erhoben ist. Der linke Arm ist ausgestreckt, die Hand zur Faust geballt, und es gibt Anzeichen, daß sie möglicherweise ursprünglich wie der griechische Gott Hermes einen Umhang trug. Auf der Tafel des British National Trust an der Straße steht, die Figur sei römisch-britischen Ursprungs. John Sharkey spricht in seinem Buch *Celtic Mysteries: The Ancient Religion* die Vermutung aus, daß der Riese aus dem ersten Jahrhundert vor Christus stammt.[23]

Daß eine solche Figur die Jahre der viktorianischen Prüderie überlebte, ist erstaunlich genug. Der Riese von Cerne ist aber merkwürdigerweise selbst heute noch relativ unbekannt. Ein guter Freund, dessen Mutter aus Dorset stammt, führte mir den Riesen auf einer Postkarte vor, die er mir vor mehr als fünfzehn Jahren schickte. Als ich kürzlich eine Reise mit meinem Sohn nach England plante, um seinen Collegeabschluß zu feiern, fragte ich im britischen Reisebüro in New York nach dem Riesen. Niemand dort hatte je von ihm gehört. (Später entdeckte ich, daß er im offiziellen Reiseführer für Dorset abgebildet ist!) Es gibt Leute, die seit fünfzig Jahren in Dorset leben und nichts von ihm wissen. Es ist ziemlich offensichtlich, daß die riesige phallische Figur als Gottesbild oder Bild überhaupt verdrängt wird.

Die Figur ist bloß von einer einzigen Stelle aus zu sehen, einem kleinen Parkplatz an einer Kurve, bevor die Straße ins Dörfchen Cerne Abbas hinunterführt, wenn man von Norden kommt. Wenn man nicht gerade in Richtung auf den Riesen blickt, ist man schon vorbei und hat ihn nicht bemerkt. Ein flaches Tal, etwa ein bis zwei Kilometer breit, trennt den Betrachter von der Figur. Es scheint klar, daß der Riese gar nicht für Menschenaugen gedacht war, da er eigentlich nur aus der Luft richtig zu sehen ist. In einer Fernsehsendung über englische Hügelfiguren sprach man kürzlich die Vermutung aus, sie seien angelegt worden, damit die Götter sie sähen. Vielleicht handelte es sich um Votivgaben, die Attribute der Gottheit feierten, auf die ihre Aufmerksamkeit gelenkt werden sollte.

Als mein Sohn und ich den Riesen sahen, kam gerade eine Gruppe amerikanischer Jugendlicher, Jungen und Mädchen auf ihren Rädern, aus der anderen Richtung an die Stelle, und war völlig überrascht von dem Anblick. Sie bremsten scharf. Sie wollten ihren Augen nicht trauen. Die Mädchen hielten sich wie verlegen zurück. Die Jungs waren ganz aufgeregt. Sie hüpften wie die Wilden herum, johlten und brüllten, schlugen sich gegenseitig auf die Rücken. Ihre Reaktion war für mich fast so interessant wie der Riese selbst.

Am nächsten Tag erstiegen mein Sohn und ich den Hügel, um uns das Ganze näher anzusehen. Ich unternahm einen schwachen Versuch, das zu machen, was mein Freund auf der Postkarte als echten neusteinzeitlichen Nervenkitzel vorgeschlagen hatte – Picknick im linken Hoden des Riesen. Ich kletterte über den schützenden Zaun und betrat die Umrisse von Phallus und Hoden. Ich setzte mich auf die Spitze des Phallus, wie es heute noch Frauen tun, die schwanger werden möchten. Sehr umwerfend war es eigentlich nicht, aber doch interessant. Es bestand ein Zusammenhang mit der Entdeckung, die ich als Kind im Bett meines Vaters gemacht hatte. Es bestand ein Zusammenhang mit meinem Traum vom Gott-Phallus, mit Jungs phallischem Traum in der Kinderzeit (der im nächsten Kapitel erörtert wird). Mir war wichtig, daß ich das gemeinsam mit *meinem* Sohn auf bewußtere Weise als damals im Bett meines Vaters erlebte. Wir erkannten die phallische Identität an, die uns gemeinsam ist, und das verwies auf den transzendenten Charakter dieser Identität.

Ich bin mir nicht sicher, was es für meinen Sohn bedeutete. Wir sprachen kaum darüber. Das Bewußtsein mag in einer Generation um eine Elle zugenommen haben, hat jedoch seinen Zenit noch nicht erreicht. Von dort fuhren wir weiter nach Stonehenge, Salisbury, Wells, Oxford, zum erhabenen Glastonbury (wo Stephen den phallischen Tor, einen alten Turm, erstieg), zum Grab T.S. Eliots in East Coker, zum Avebury Circle, nach Wookey Hole, und suchten eine alte Dame in Mappowder auf, die letzte lebende Schwester der romanschreibenden Brüder Powys.

Die Reise war von mir geplant. Stephen wußte, er war der Sohn, den der Vater auf eine Reise mitnahm, die ihm wichtig war, weil er dem Sohn zeigen wollte, was für den Vater von Bedeutung war, ein Initiationsritual, da der Sohn ins Mannesalter kam und selbständig wurde.

Trotz der Diskussionen über das Autofahren, die Hotels, daß es zu viele Kathedralen wären, wie wir den Riesen am besten über die Rückseite des verwilderten Hügels erreichen könnten, hielten wir auf einer Reise zusammen, die ihm sicher wie eine Gewalttour erschien, bei der es vor allem um Altertümer ging. Meine Frau hatte ihre leichten Bedenken gehabt, als ich die Reiseroute zuhause festlegte. Dabei hatte sie als Bergsteigerin früher in New Hampshire und der Schweiz Dutzende von Wander- und Klettertouren festgelegt, auf die sie uns alle mitschleppte. Stephen ist inzwischen ein erfahrener Bergsteiger, der schon den Kilimandscharo bezwungen hat.

Liebe ist keine Demokratie. Wir haben es in unserer Familie mit der Demokratie versucht, und es ging fast immer daneben. Die Liebe lädt jemand in die persönlichen Winkel des eigenen Verlangens ein. Diese Winkel decken sich nicht unbedingt mit denen der anderen. Die Bereitschaft, sich mit der Phantasie der anderen mitzubewegen, ist ein Zeichen einer Liebe, die entweder ganz oder zum Teil erwidert wird.

Epsteins St. Michael und der Teufel

Auf der gleichen Mini-Odyssee von Vater und Sohn fuhren Stephen und ich nach Coventry, um uns die alte Kathedrale aus dem Mittelalter anzusehen, die im 2. Weltkrieg ausgebrannt war, dazu die angefügte neue Kathedrale, die Sir Basil Spence geplant hatte und die 1958 fertiggestellt worden war. Der moderne Bau enttäuschte mich trotz seiner eindrucksvollen Größe und der vielen sinnreichen Einfälle. Daß ein neuer Tempel auf der Asche des alten errichtet wurde, ist löblich, und das Ergebnis kann sich sehen lassen. Trotzdem fehlt dem neuen etwas, etwas nicht Greifbares. Die neue Kathedrale von Spence kann selbst mit dem mächtigen Gobelin von Sutherland über dem Altar das Gefühl des Geheimnisvollen und der unverfälschten Spiritualität, das der alte Bau hervorruft, nicht auslösen. Im neuen wirkt die Symbolsprache, wenn man überhaupt von ihr sprechen kann, wie bewußt in einer Zeit erfunden, in der der allgemeine Glaube an den christlichen Mythos seine Blüte schon hinter sich hatte.

An der neuen Kathedrale fand sich immerhin etwas, das mir den Atem verschlug. Die Fassade der neuen Kirche zeigt eine Metallskulptur des Künstlers Sir Jacob Epstein, St. Michael, den Namenspatron der Kathedrale, und den Teufel. Der Erzengel Michael steht groß da, eine Hand trägt die Lanze – in einer Haltung, die an den Riesen von Cerne denken läßt. Michael ist ein schlanker, vergeistigter Jüngling, und er hat den Teufel überwunden, der in Ketten zu seinen Füßen liegt. Der Teufel hat einen anderen, ganz und gar nicht knabenhaften Körper. Er ist als reifer, starker, muskulöser Mann dargestellt, gar nicht vergeistigt. Sehr bezeichnend sind die Genitalien. Michael ist in ein gefälteltes Gewand gehüllt, das seine Körpermitte bedeckt. Der Penis unter dem Gewand wird durch eine flache Ausbuchtung nur eben angedeutet. Beim Teufel ist es anders. Sein unverhüllter und realistischer Penis und die Hoden, im Schat-

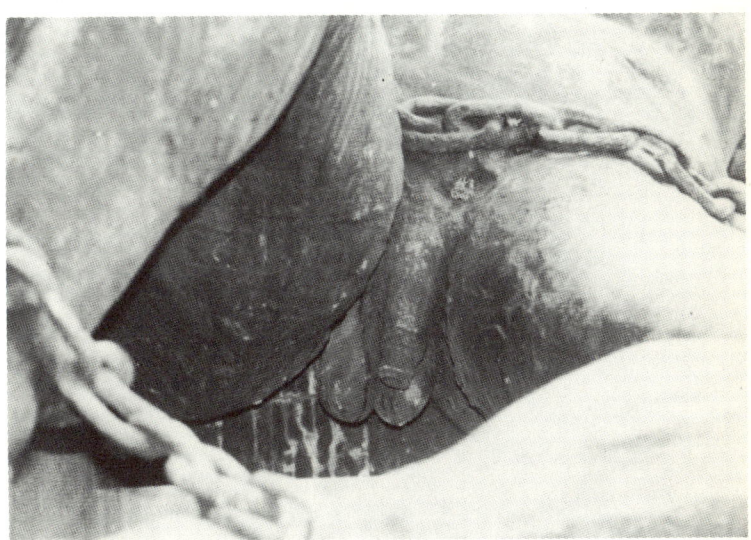

Die Genitalien des Teufels (Detail der Skulptur auf S. 50).

St. Michael und der Teufel, Skulptur von Sir Jacob Epstein.

ten der leicht geöffneten Beine gut zu sehen, sind stattlich und dunkel. Der Teufel ist im Gegensatz zu Michael deutlich als geschlechtliches Wesen dargestellt. Michaels spirituelle Lanze hat das Körperliche überwunden und es psychisch entmannt.

St. Michael und der Teufel war genau das Bild, das mir den Kernpunkt dieses Buches illustrieren konnte. In der Skulptur drückt sich die Ansicht des Apostels Paulus zur Sexualität aus, wie er sie für die neuen Christen in Galatien festhielt:

Wandelt im Geist, so werdet ihr die Lüste des Fleisches nicht vollbringen. Denn das Fleisch gelüstet wider den Geist, und den Geist wider das Fleisch, dieselben sind widereinander...[24]

Paulus ist wirklich weit davon entfernt, die Sexualität wie Eliade als Hierophanie zu verstehen. Für Paulus offenbart die Sexualität nicht das Göttliche, sondern ist dessen Widersacher. Aus bestimmten Gründen, für deren Darstellung hier der Platz fehlt, übernahm das Christentum die Haltung des Paulus, seine Abneigung gegen das Fleischliche. Das Heilige war profan geworden. Epsteins Michael schwärzt den Körper, das Geschlechtliche an. Nach Paulus sollte die Männlichkeit rein geistig sein. Der Phallus ist als körperliches Organ teuflisch. Körperliches und Geistiges widersprechen einander. Wenn das eine gewinnt, hat das andere verloren, und was den körperlichen Phallus betrifft, ist es Gottes Wille, daß er verliert.

Andere Auffassungen der Bedeutung des körperlichen Phallus wurden Teil der gnostischen Überlieferung. Das siegreiche Christentum fegte sie beiseite, und sie sanken ins Unbewußte der westlichen Zivilisation ab. Das ist ein Grund, warum Jung der Alchemie und anderen Seitenpfaden der mittelalterlichen europäischen Kultur soviel Bedeutung beimaß. Dort war der teuflische Phallus zu finden – versteckt und bewußt nicht beachtet, zeigte er sich nur in heimlichen Träumen, an anderen verborgenen Orten, im Verhalten der Außenseiter.

Da heute das institutionelle, doktrinäre Christentum und das Patriarchat verschwinden, die von der paulinischen Kirche unterstützt und getragen wurden, taucht der Phallus aus seinem verborgenen, gnostischen Sammelbecken wieder auf. Es entbehrt nicht einer gewissen Ironie, daß eine Skulptur an einer modernen christlichen Kirche so dramatisch von einem Verständnis der männlichen Sexualität, des männlichen Körpers zeugt, das heutzutage als Lehre nur von den reaktionärsten und gehemmtesten Christen vertreten wird.

Es wird noch viele Jahre dauern, bis der Phallus vollständig aus seinen unterirdischen Katakomben hervorkommt. Es wird viele Jahre dauern, bevor der Teufel als psychischer Faktor in jedem Menschen – und nach Jung in der Gottheit selbst[25] – gesehen wird und nicht mehr bloß als Inbegriff des Phallischen, der Sexualität und des Fleisches. Der Phallus hat natürlich wie jede Facette der erschaffenen Ordnung teil am Bösen. Aber nicht so, wie es die Skulptur Epsteins ausdrückt. Ein solches Bild verzerrt die psychische Realität auf bedenkliche Weise.

3 Der Phallus in der Psychoanalyse

Dieses Kapitel will mit seinem Material keinesfalls die psychoanalytische Literatur über den Phallus oder phallusorientierte Vorstellungen umfassend erörtern. Es untersucht vielmehr zwei bemerkenswerte und bekannte Äußerungen, eine von Freud, die andere von Jung, und zwar, weil so den Lesern ein allgemeines Verständnis des Begriffs Phallus im Denken der Väter der Psychoanalyse vermittelt werden kann. Wir werden sehen, daß mit beiden auch eine feste Begriffsvorstellung der Mutter verbunden ist. Folglich werden wir kurz auf die Bedeutung der Mutter für die Betrachtung des psychoanalytischen Verständnisses der Wurzeln der Männlichkeit eingehen müssen.

Freuds »letztes« Wort

Freud stellte im Schlußabschnitt seines Aufsatzes »Die endliche und die unendliche Analyse«, den er 1937 (er starb 1939) schrieb, fest:

In therapeutischen ebenso wie in Charakteranalysen wird man auf die Tatsache aufmerksam, daß zwei Themen sich besonders hervortun und dem Analytiker ungewöhnlich viel zu schaffen machen. Man kann das Gesetzmäßige, das sich darin äußert, nicht lange verkennen. Die beiden Themen sind an die Differenz der Geschlechter gebunden... Trotz der Verschiedenheit des Inhalts sind es offenbare Entsprechungen... Die beiden einander entsprechenden Themen sind für das Weib der *Penisneid* – das positive Streben nach dem Besitz eines männlichen Genitales -, für den Mann *das Sträuben gegen seine passive oder feminine Einstellung zum anderen Mann.* [Hervorhebung von E.M.] Das Gemeinsame hat die psychoanalytische Nomenklatur frühzeitig als Verhalten zum Kastrationskomplex herausgehoben... ich meine, »Ablehnung der Weiblichkeit« wäre vom Anfang an die richtige Beschreibung dieses so merkwürdigen Stückes des menschlichen Seelenlebens gewesen... Man hat oft den Eindruck, mit dem Peniswunsch und dem männlichen Protest sei man durch alle psychologische Schichtung hindurch zum »*gewachsenen Fels*« [Hervorhebung von E.M.] durchgedrungen und so am Ende seiner Tätigkeit.[26]

Die Worte haben Gewicht, weil sie im Rückblick auf ein halbes Jahrhundert bahnbrechender Erfahrungen und Gedanken geschrieben sind. Freud meinte anscheinend, der Phallus (bei Freud Penis) sei so wichtig, daß es bei der ganzen psychoanalytischen Arbeit darum geht, ob der Phallus im Leben einer männlichen oder weiblichen Person anwesend oder abwesend ist. Die Angst vor dem Fehlen oder Verlust des Phallus im Mann, und die Abwesenheit des Phallus und das Verlangen nach ihm (Penisneid) in der Frau machen den »Kastrationskomplex« aus. »Ablehnung der Weiblichkeit« wäre vielleicht, so Freud, »die richtige Beschreibung dieses so merkwürdigen Stückes des menschlichen Seelenlebens gewesen«. Für Freud bedeutete der Besitz des Phallus dasselbe wie die Ablehnung der Weiblichkeit, und der Verlust des Phallus – vom Mann in der Niederlage erlebt, die ein anderer Mann ihm zufügt; im Fall der Frau psychisch angenommen – wird mit Verweiblichung gleichgesetzt. Ohne Phallus ist alles weiblich.

Es ist wichtig, die Logik hinter dieser Behauptung zu verstehen. Sie ist mit der Bedeutung der Mutter als der erfahrbaren Quelle des Lebens verknüpft, die das Leben vor der Geburt und im ersten Kindesalter nährt. Sie hat auch mit der Neigung des Menschen zu tun, sich mit der spürbaren Quelle des Lebens, der Mutter, und dem ersten Wohlbehagen zu identifizieren, auf das wir angewiesen sind, das wir bei ihr fühlen. Dieses allgemeine menschliche Bedürfnis gibt der Mutter eine äußerst mächtige Position, und jede Schule der Psychoanalyse faßt die Mutter so auf.

Für eine Frau bringt die Identifikation mit der Mutter in Hinblick auf das eigene Gefühl der Weiblichkeit keine strukturell bedingten Probleme mit sich. Sie ist von der derselben Beschaffenheit wie ihr Ursprung. Bei einem Mann taucht sofort ein ernstes Problem auf. Er ist nicht von derselben Beschaffenheit wie sein Ursprung.

Wenn er das erkennen will, muß es zu einer grundlegenden männlichen Differenzierung kommen. Die Mutter kann einem Jungen helfen, indem sie seine fundamentale Verschiedenheit annimmt. Sie kann den Prozeß auch verhindern, wenn sie ihn an sich bindet.

Dem Mann ist somit eine Lebensaufgabe gestellt, deren Symbol der Phallus ist. Im Verlauf des Lebens eines Mannes nimmt sie unterschiedliche Formen an. Der kleine Junge möchte den Bereich seiner Mutter, das Haus verlassen. (Wenn er das nicht möchte, wird er wahrscheinlich als Muttersöhnchen bezeichnet; seine Männlichkeit wird von Anfang an in Frage gestellt.) Er will und muß frech antworten, seine Nase in alles stecken, grob sein. Später ist der Junge auf ernstzunehmendere Weise ungezogen, bekommt Ärger, kommt spät nach Hause, wird verschlossener und verschweigt seiner Mutter viel, ist nicht länger mehr »ihr Junge«. Noch später beginnt er sich für Mädchen zu interessieren. So sieht der natürliche und übliche Prozeß aus, dessen Fehlen eine Hemmung der männlichen Entwicklung bewirkt, wobei die kindliche Identifikation mit der Mutter weiter besteht. Der Phallus bleibt im Besitz der Mutter, die ihn hervorbrachte. Sie ist die Autorität. Die Kastration hat eingesetzt. Wir haben hier den Feminierungsprozeß im Mann, der sich nachteilig auf seine psychische Verbindung mit dem Phallus auswirkt.

Nach Freud kann die psychische Kastration auch einem Mann drohen, dessen männliche Identität mehr oder weniger intakt ist. Die Niederlage, die ihm von einem anderen Mann zugefügt wird, erinnert an die Kastration durch die Mutter und verstärkt die Angst davor. Bei jedem Verlust schwingt für den Mann unvermeidlich auch der Verlust des Phallus mit – ob es sich um den Verlust von Geld, Besitz, Geliebter, Frau, Kinder, Stellung, Einfluß, Autorität handelt. Die Folge wird wahrscheinlich eine Identitätskrise sein. Der Mann möchte beruhigt, bestätigt, wieder aufgerichtet werden, was alles mit der Mutter verbunden ist. Er wünscht sich zugleich den Trost der Mutter und die Wiederherstellung seiner phallischen Identität, die mit der Befreiung von der Mutter verbunden ist. (Häufig kehrt die Situation immer wieder, gewöhnlich weil die

Trennung von der Mutter nicht vollzogen wurde. Das ist die klassische Psychologie des *Puer Aeternus*, des ewigen Jünglings.)[27]

Man kann sich nicht zugleich vorwärts und rückwärts bewegen. Ein Mann, der sich auf einen regressiven Weg einläßt, trägt das Mal der psychischen Kastration. Er bleibt der Sohn seiner Mutter oder eines Mutterersatzes, den seine Frau oder auch, wie ein Leser dieser Arbeit anmerkte, sein Bischof verkörpern kann. Oft setzt ihn die eigene Mutter gefangen, deren Abhängigkeit vom Sohn nicht dazu angetan ist, seine Männlichkeit fester zu verankern, wie man eigentlich meinen sollte. Sie erschöpft ihn vielmehr, verhindert seine Selbständigkeit und Autonomie, schwächt ihn in seiner Fähigkeit, phallisch zu sein. Es ist genau diese Verbindung, die einen Mann in einer ungelösten ödipalen Liebesaffäre mit seiner Mutter in Gefahr bringt. Der Mann kann sich nie aus einer heftigen und ersten inneren, psychischen Verbindung mit seiner ursprünglichen Partnerin lösen: psychologisch ist er der Sohn-Geliebte, dessen phallische Energie durch die Bindung aufgezehrt wird.

Die äußeren Anzeichen einer Mutter-Sohn-Ehe sind nicht zu übersehen. Es gibt Söhne, die selten etwas tun, ohne vorher die Mutter um Rat gefragt zu haben. Es gibt welche, die in späteren Jahren zurückkehren, manchmal aus ganz fernen Weltgegenden, wenn die Mutter auf ihre Unterstützung angewiesen ist, wenn der Kampf, die Trennung aufrechtzuerhalten, nicht mehr den Einsatz lohnt, den der Sohn aufbringen muß. Schließlich gibt es die letzte Rückkehr an das Grab der Mutter. Es gibt den patriotischen Drang, nach Hause zurückzukehren, die Bindung an das Mutterland anzuerkennen, ein viel gewichtigerer und genauerer Begriff als Vaterland. Letztendlich siegt die Mutter. In Scranton, wo ich die meiste Zeit lebe, enthalten die beiden Sonntagszeitungen am Muttertag im Mai um die dreißig Seiten Familienporträts, oft mit vier Generationen von Müttern und Söhnen und Töchtern und deren Nachkommenschaft als deutliches Zeichen der Kraft der Mutterbeziehung. Für eine Tochter gibt es in einer starken psychischen Beziehung zur Mutter kein strukturell bedingtes Problem, ganz gleich, wie sehr sie ihren Animus, ihren Mann, ihre Kinder zu schwächen vermag. Für einen Sohn kann die Situation allerdings tödlich sein.

Ein Mann kann von seiner Frau oder Geliebten gefangengesetzt werden, wenn er ihr immer nur gehorcht. Ein gefangengesetzter Mann hat das Gefühl, daß er nichts ist, wenn er keine Frau hat. Eine Form der weiterbestehenden Bindung an die Mutter ist der Wunsch nach Reichtum mit seinen üppigen leiblichen Genüssen, die sklavische Beachtung von Mode und Ästhetik, die Wichtigtuerei, die der Reichtum mit sich bringt. Dabei lassen sich Anzeichen der Kastration, der Abwesenheit des Phallus erkennen, ganz gleich, wieviele Frauen ein Mann in sein Bett holt oder gern holen würde.

Der Mann, dessen Männlichkeit von der Mutter beherrscht ist, macht eine Reihe von Eroberungen, zieht sich aber sofort zurück, wenn sich die schwierige Aufgabe stellt, Mutter und Kind zu ernähren. In diesem Fall kann sich die Erektion nur genital äußern: in eine Frau eindringen heißt in etwas Weiches eindringen, das den Phallus aufnimmt. Der Akt kann eine Rückkehr zu den Genüssen bedeuten, die die Mutter spendete. Der Test ist, ob ein Mann sich fähig zeigt, die instinkthafte phallische Stärke in ein soziales phallisches Ziel umzuwandeln, das er dann wiederum in die instinkthafte phallische Stärke hereinnimmt, wobei er weiß, daß in ihm das eine das andere spiegelt, daß beide nicht zu trennen sind.

Das kann nur geschehen, wenn die Mutter irgendwie vom Sohn zugunsten eines unabhängigen, phallischen Vorstoßes und letztlich auch einer phallischen Verantwortung »verlassen« wurde – weil er sich sein eigenes Heim schaffen oder der Anführer seines eigenen Stammes werden will. Der Vater war während der ödipalen Phase dafür verantwortlich, die Mutter zu schützen, und stieß den Sohn fort, befreite ihn, damit er einen eigenen Weg einschlagen konnte, ohne eine schwächende und kastrierende Verantwortung für die Mutter übernehmen zu müssen. Der Vater läßt nicht zu, daß der Sohn in den Genuß der Frau des Vaters kommt, und gibt so die Männlichkeit an den Sohn weiter.

Freuds Grundprinzip ist das Bedürfnis des Mannes, sich psychisch vom Weiblichen zu trennen, es »abzulehnen«. Das ist soweit annehmbar. Aber wenn wir nach einem Mittel suchen, das die Kastration aufhebt und tiefer auf das Unbewußte eingeht, müssen wir uns Jung zuwenden.

Jungs »erster« Traum

Jung schrieb in seinen Memoiren, in seinem Buch *Erinnerungen, Träume, Gedanken* über den ersten Traum, an den er sich erinnern konnte, und der ihn sein ganzes Leben beschäftigte. Er war damals drei oder vier Jahre alt und entdeckte im Traum ein dunkles, rechteckiges, ausgemauertes Loch in der Erde, in das er über eine Steintreppe furchtsam hinunterstieg.

Unten befand sich eine Türe mit Rundbogen, durch einen grünen Vorhang abgeschlossen. Der Vorhang war groß und schwer, wie aus gewirktem Stoff oder aus Brokat, und es fiel mir auf, daß er sehr reich aussah. Neugierig, was sich dahinter wohl verbergen möge, schob ich ihn beiseite und erblickte einen zirka zehn Meter langen rechteckigen Raum in dämmerigem Lichte. Die gewölbte Decke bestand aus Steinen, und auch der Boden war mit Steinfliesen bedeckt. In der Mitte lief ein roter Teppich vom Eingang bis zu einer niedrigen Estrade. Auf dieser stand ein wunderbar reicher goldener Thronsessel… wie im Märchen, ein richtiger Königssessel! Darauf stand nun etwas. Es war ein riesiges Gebilde, das fast bis an die Decke reichte. Zuerst meinte ich, es sei ein hoher Baumstamm. Der Durchmesser betrug etwa fünfzig bis sechzig Zentimeter und die Höhe etwa vier bis fünf Meter. Das Gebilde war aber von merkwürdiger Beschaffenheit: es bestand aus Haut und lebendigem Fleisch, und obendrauf war eine Art rundkegelförmigen Kopfes ohne Gesicht und ohne Haare; nur ganz oben auf dem Scheitel befand sich ein einziges Auge, das unbewegt nach oben blickte.
Im Raum war es relativ hell, obschon er keine Fenster und kein Licht hatte. Es herrschte aber über dem Kopf eine gewisse Helligkeit. Das Ding bewegte sich nicht, jedoch hatte ich das Gefühl, als ob es jeden Augenblick wurmartig von seinem Thron herunterkommen und auf mich zu kriechen könnte. Vor Angst war ich wie gelähmt. In diesem unerträglichen Augenblick hörte ich plötzlich meiner Mutter Stimme wie von außen und oben, welche rief: »Ja, schau ihn dir nur an. Das ist der Menschenfresser!« Da bekam ich einen Höllenschrecken und erwachte, schwitzend vor Angst.[28]

Jung fuhr fort: »Erst sehr viel später entdeckte ich, daß das merkwürdige Gebilde ein Phallus war, und erst nach Jahrzehnten, daß es ein ritueller Phallus war… Der Phallus dieses Traumes scheint auf alle Fälle ein unterirdischer und nicht zu erwähnender Gott zu sein.«[29]

Jung schrieb seine Autobiographie, als er schon über achtzig war. Weshalb erinnerte er sich in so hohem Alter an diesen frühen Traum, und warum wollte er ihn der Welt mitteilen? Er hatte offenbar etwas mit seiner lebenslangen Beschäftigung mit jenem transpersonalen phallischen Bild zu tun.

Jungs Mittel gegen die grundlegende Kastrationsangst, das Versunkensein in der Mutter, findet sich im mythologischen Motiv des Helden, dem Jung zentrale Bedeutung in der Entwicklung der männlichen Psychologie und des Bewußtseins zuerkennt.[30] Der Held steht nicht nur für den Entwicklungsprozeß eines einzelnen Mannes, sondern auch in einem phylogenetischen und archetypischen Sinn für den Prozeß der Ich- Entwicklung in der Geschichte der Menschheit. Das Ich muß sich so aus seiner unbewußten Matrix lösen, wie sich der Junge von der Mutter löst. Wie in Freuds Modell muß der Held angesichts der Herausforderung von Mutter und Kastration, der Prüfungen, die aus seiner Unabhängigkeit folgen, voran und nicht zurück. Wenn er sich zurückzieht, ist er eigentlich verloren. Von Zeit zu Zeit mag ein strategischer Rückzug angebracht sein; das Ziel darf jedoch nicht aufgegeben werden, so wie auch der Phallus nie aufgibt.

Jungs Held folgt Freuds Grundprinzip des Männlichen – der Ablehnung der Weiblichkeit – bis zu einem gewissen Grad: seine jugendlich weibliche Seite muß wie die Mutter, mit der seine weibliche Seite identifiziert ist, beiseite geschoben werden. Der Held erreicht es, indem er sich strengen und riskanten Prüfungen aussetzt: sich selbst treu verläßt er die Sicherheit bei der Mutter, kämpft mit dem Mutter-Drachen, begibt sich auf die gefürchtete und einsame Nachtmeerfahrt, auf der sein inneres Naturell feingeschliffen wird, gewinnt die Jungfrau. Darauf folgen Zeugung der Nachkommenschaft, Ehemann sein, und die Mithilfe bei der Wiederherstellung des Königs. Möglicherweise wird er selbst König. Auf die Männlichkeit hat man kein Geburtsrecht; sie muß erworben werden – so stark ist die Anziehung von Natur und Mutter. Jungs Held als mythologisches Motiv der männlichen Entwicklung steigt aus dem Bereich der Archetypen auf: der Phallus leitet den Prozeß ein, steht hinter ihm und treibt ihn voran. Jungs Ansicht ist auch ganzheitlicher als Freuds Konstruktion, da die Handlung die Männlichkeit als solche begründet, nicht bloß als »Ablehnung der Weiblichkeit«.

In der idealen Entwicklung der Männlichkeit werden diese Heldentaten wirklich vollendet. Der Junge wird zum jungen Mann, der zum etablierten Mann – der nun den Kampf nicht mehr so schätzt wie früher, der lieber seine Pfeife raucht und über alles nachsinnt. Dann setzt eine weitere Wandlung ein. Der alte weise Mann oder Senex tritt auf, wenn der Bauch runder und die Haare weiß werden. Männer mögen diese Zeichen nicht, weil sie das Ende jugendlicher Potenz anzeigen, und rasen zum Turnen, zum Friseur, um etwas gegen den Trübsinn zu tun. Nicht so schnell, meine Herren! Oberflächliche Verschönerungen helfen nichts; die Veränderung kann nicht, sollte nicht aufgehalten werden. Auf den weiseren, älteren Mann wartet ein neues Vergnügen. Er wird gebraucht. Er geht langsamer, weist den Weg mit seinem phallischen Stock, kennt den Unterschied zwischen Wichtigem und Unwichtigem, Vergänglichem und Wesentlichem und macht auf ihn aufmerksam. Er kann schwierig sein, hat sich aber Achtung erworben.

Die innere Qualität, die die männliche Entwicklung vorantreibt und unterstützt, ist der Phallus. Ein Mann weiß das, weil ihm sein männliches Organ im energiereichen, drängenden, eindringenden Zustand so wichtig ist. Der harte Phallus ist ein Kennzeichen der Jugend, des ersten Mannesalters, das Zeichen heldenhafter Haltung, das Schwert hoch erhoben über dem silbernen Hengst. Wenn ein Mann älter wird, verändert sich seine Härte, ist sie weniger auffällig, prägt weniger stark seinen Körper, sie ist konkret weniger drängend. Ältere Männer führen der Welt kaum noch ihre Bedeutung auf die Weise vor, die den Männern im mittleren Lebensalter so wichtig ist: mit neuen Geschäften, Häuserbauen, Heiraten, Verbindungen mit Frauen. Die entstehende Weisheit baut dem vor. In den Mittelpunkt rückt der sanfte Phallus, ein Aspekt, der immer in der Männlichkeit enthalten ist, der aber in jüngeren, weniger reifen Männern eher verborgen und unterentwickelt ist, und leicht übersehen wird.

Gefäß, 6. Jh.v.Chr.
(Aus Kamiros, Rhodos. Britisches Museum, London.)

Ein Hauch des Weiblichen umgibt Weisheit und Alter, und doch haben wir es hier nicht mit Weiblichkeit zu tun. Eher mit dem sanften Phallus, mit einem Machismo, den die Erkenntnis mildert, daß genug Schlachten geschlagen sind, daß es an der Zeit ist, voller Staunen den Enkelkindern zuzusehen. Schwung ist noch vorhanden, doch alles ist vom Maßhalten geprägt; die Ermüdbarkeit wird akzeptabler. Der Phallus war immer zu bedachtsamer Weisheit fähig, ganz gleich, wie sehr man sich in sportlicheren Tagen über sie hinwegsetzte. Der Phallus ist äußerst empfindlich, wie es in

Jungs Traum der Brokatvorhang im Thronsaal und das »lebendige Fleisch« nahelegen. Frauen sind manchmal erstaunt, wie seidig die Haut einer harten Erektion, wie weich gepolstert die Eichel sein kann. Männer wissen, wie empfindlich ihre Hoden sind, und unternehmen alle Anstrengungen, sie vor Schaden zu bewahren. Die Männer sind an der Stelle am verwundbarsten, die in der heutigen englischen Umgangssprache als Bild für mutiges Verhalten dient (»he has balls«). In der Weisheit kündigt sich die *Coniunctio oppositorum* schon an.

Jungs »ritueller Phallus«, den er erst Jahrzehnte nach dem Traum als solchen erkannte, ist die innere Qualität der Männlichkeit, die im Vorgang der Erektion erlebt und psychisch in ein archetypisches männliches Bild übersetzt wird. Der Traumphallus auf seinem Thron faßt die Attribute der jungen, heldenhaften, aufrichtenden Kraft und die alte Herrscherweisheit in einem Symbol zusammen, das nach Elders Worten für »eine geheimnisvolle göttliche Wirklichkeit« steht, »die anders nicht zu fassen ist«.

Das Ritual ist eine Handlung, die in eine feste Form gebracht wurde und bildlich einen transpersonalen oder übergeschichtlichen Mythos wachruft, der dem eigenen Leben Sinn verleiht. Der rituelle Phallus verweist auf die elementare Bedeutung des Männlichen, das als ein Faktor der Schöpfung zeugend an ihr beteiligt ist. Der rituelle Phallus drückt diese mythische Tatsache aus, feiert die Männlichkeit, wandelt das männliche Zeichen der geschlechtlichen Identifizierung in ein inneres Symbol um, das den Kern der Männlichkeit in ein Bild faßt. Für die Frauen war das phallische Ritual eine Möglichkeit, sich zur Abhängigkeit vom Phallus zu bekennen, dem männlichen Vermittler der Fruchtbarkeit, der die Gebärenden schützt. Jung war der Ansicht, daß ein pathologisches Ritual, zum Beispiel in einer Zwangshandlung, das irregeleitete Streben einer Person nach transpersonalem Sinn darstellt, das notwendig auftrat, weil es keine angemessenen kollektiven Zeremonien gibt, die inneren Sinn und äußere Erfahrung verknüpfen.

Jungs früher transpersonaler, phallischer Traum schuf die Voraussetzungen für seine psychologischen Forschungen. Das »einzige Auge, das unbewegt nach oben blickte«, bedeutet die Standhaftigkeit des Phallus, seine gebündelte Aufmerksamkeit, seine Zielstrebigkeit, die unnachgiebigen Anforderungen, die er an den Mann (und auch an die Frauen, wenn auch ganz anders) stellt. Diese Kräfte brauchte ich in meinen Anfangsjahren in St. Clement's, als ich meinen phallischen Traum träumte, wobei ich damals Jungs Traum noch nicht kannte.

Obwohl Jung davon spricht, daß ihn sein Traum aus der Kinderzeit ein Leben lang beschäftigte, hat er über den Phallus an sich nicht sehr viel geschrieben. Er ordnete ihn in seine Erforschung der phallischen Götter der Griechen, Römer und Ägypter ein, insbesondere des Hermes-Mercurius, der im alchemistischen *Opus*, das Jung als die mittelalterliche Entsprechung der Psychoanalyse bezeichnete, der Psychopompos ist. Wie wir im fünften Kapitel sehen werden, sah Jung den Phallus mythologisch im Mercurius am Werk, einem Gottesbild angefüllt mit Geist, *logos spermatikos*, dem fruchtbaren Wort, das die Psyche belebt.[31]

Die Macht der Mutter

Das Thema der Mutter wird von Freud im Zusammenhang mit seinem Interesse an Kastration und der »Ablehnung der Weiblichkeit« angesprochen, die er als Nein des Sohnes versteht, der sich gegen die Ansprüche der Mutter wehrt, die ihn weiter an sich binden will. Jung spricht das Thema ebenfalls an, indem er mit Nachdruck auf die Reise des Helden verweist, der von der Mutter fort möchte und sich getrennt von ihr entwickeln will, da sie den Sohn sicher im Haushalt ihrer Psyche verwahren würde. Beide sehen die Mutter als nach Besitz strebend; sie möchte den Sohn zu Hause haben, was ihr nützt und nicht ihm, wenn sie auch ständig das Gegenteil behauptet.

»Ablehnung« meint bei Freud, daß der Sohn zu erkennen gibt, daß er kein Besitz ist. Die Reise des Helden bei Jung bedeutet, daß der Sohn zeigt, daß er sein Glück nicht in der Umarmung der Mutter, sondern anderswo sucht, wie schwierig auch die Prüfungen sein mögen, denen er sich auf seinem Weg stellen muß. Beide Erklärungen sehen deutlich, welche Gefahr die Mutter für den Sohn darstellt. Wenn sich der Sohn nicht grundlegend von der Mutter differenziert, wird er psychisch keine Männlichkeit, keinen Phallus besitzen.

Als J.J. Bachofen in der Mitte des neunzehnten Jahrhunderts in seiner Junggesellenwohnung in Basel sein monumentales Werk *Das Mutterrecht* verfaßte, stellte er die Behauptung auf, daß es zu Beginn der Geschichte der Psyche ursprünglich ein Matriarchat gegeben habe. Dieses urmütterliche Reich steht für »das Stadium eines unentwickelten Ichbewußtseins, das noch in seiner Natur-Welt- Verbundenheit verfangen ist«.[32] Bachofen formte aus diesem Gedanken eine Weltanschauung, wie die folgenden Äußerungen zeigen:

Die Mutter ist früher als der Sohn. Die Weiblichkeit steht an der Spitze, *die männliche Gestaltung der Kraft tritt erst nach jener, in zweiter Linie hervor.* [Hervorhebung von E.M.] Das Weib ist das Gegebene, der Mann wird… [Er ist] das aus ihr erst Gewordene… Mit einem Worte, das Weib steht zuerst als Mutter, der Mann zuerst als Sohn da…
Der Mann wird ihr Liebling, der Bock ihr Träger, der Phallus ihr steter Begleiter… Das stoffliche, weibliche Naturprinzip steht voran;…[33]

Soweit Bachofens Gedanken über das Mutterrecht, die Freuds Interesse an der Beziehung des Kleinkinds zu seiner Mutter zugrundeliegen, und auch Jungs archetypischem Verständnis der Abhängigkeit des Ich vom kollektiven Unbewußten als Matrix.

Jungs Held muß sich als entstehendes Ich von einer Vorherrschaft des hervorbringenden Weiblichen losreißen, sich durch seine Leistungen eine Unabhängigkeit schaffen, um dann am Ende des Lebens dorthin zurückzukehren, woher er kam. Die männliche Unabhängigkeit und die Selbstbestimmung des Ich scheinen so vergänglich und illusorisch zu sein, da die Matrix, das Mutterprinzip, sowohl über Geburt wie Tod herrscht. Ihre Vorrangstellung bleibt erhalten, ob sie nun sichtbar ist oder nicht, ob der Prozeß vom Sohn verstanden wird oder nicht, ob er im Lauf des Lebens eine gewisse Identifizierung mit dem Helden zustandebringt oder nicht. Die Karten sind gezinkt.

Für Bachofen gehörte sogar der Phallus zum Mutterprinzip, da er aus *Materia* besteht. Kein Wunder, daß Freud in seinem Interesse am Weiterbestehen des Ich angesichts der überwältigenden Macht des Instinkts (Natur, Mutter, Es) zum Pessimismus neigte. »Die Natur«, schrieb er, »hat ihre besonders wirksame Art uns zu beschränken, sie bringt uns um, kalt, grausam, rücksichtslos… Es ist ja die Hauptaufgabe der Kultur, ihr eigentlicher Daseinsgrund, uns gegen die Natur zu verteidigen.«[34] Jung war nicht pessimistisch. Er sah im Unbewußten nicht bloß einen Gegner des menschlichen Werdegangs, sondern auch einen Freund. Für Jung war das Unbewußte sowohl gute wie verschlingende Mutter. Auf jeden Fall *war* es Mutter.

George Hogenson kam in seinem Buch *Jung's Struggle with Freud* ebenfalls zu der Ansicht, daß »Jung die Vorrangstellung der Mutter in den Strukturen der Verehrung geltend macht. Von einem Vater ist nichts zu sehen.« Und weiter: »Jung geht davon aus, daß es auf der primären Ebene keinen Vater gibt.«[35] Das ist bei Freud wie bei Jung verwunderlich, weil sie dem Phallus große Bedeutung zumessen. Da der Vater effektiv dem Phallus entspricht, und der Phallus eine so zweitrangige Stellung zugewiesen erhält, wirkt Freuds »gewachsener Fels« von Penisneid und Kastration in der Psychoanalyse so widersinnig. Jungs Heldenreise läßt sich im Zusammenhang mit seiner umfassenderen, archetypischen Auffassung des Unbewußten als Matrix ebenfalls nur schwer verstehen.

Diese Merkwürdigkeit wird in beiden Fällen verständlich, wenn wir sehen, daß Freud und Jung einer Kultur angehörten, in der der Vorrang des Patriarchats überhaupt nicht in Frage gestellt wurde. Die beiden Männer, die das Unbewußte so feinfühlig als Wirklichkeit spürten, kompensierten das dadurch, daß sie der Mutter eine einzigartige Bedeutung zuerkannten. Freud postulierte die Kultur und Jung das heldenhafte Ich-Bewußtsein, um die Männlichkeit aus der Kompensation zu retten und dem Urweiblichen als wichtigen Partner an die Seite zu stellen.

Das geht meiner Ansicht nach so nicht. Weil die Männlichkeit in der Psychoanalyse auf eine unzureichende theoretische Basis gestellt ist, wird sie bei Freud zum Feind des Unbewußten, bei Jung zu seinem Gefährten. Die Kompensation mit den entsprechenden Verdrehungen wird unnötig, wenn in der Psyche ein Urgrund für den archetypischén Phallus nachgewiesen werden kann.

Die Mutter ist zweifellos wichtig als einer der Hauptfaktoren in der Entwicklung der Männlichkeit. Vielleicht ist sie sogar der *eine* Hauptfaktor, da alle Männer ihren Ursprung erfahrbar im anderen Geschlecht haben und dieser unvermeidlicherweise einen gewissen gegensätzlichen Einfluß ausübt. Die Mutter ist jedoch weder die männliche Identität, noch stellt sie metaphysisch den einzigen Urgrund des Daseins dar. Der Phallus ist mehr als der »stete Begleiter« und »Liebling« der Mutter, wie Bachofen sich ausdrückte. Die Auffassung Jungs, das Ich sei vom Unbewußten abhängig, ist zweifellos richtig, nur kann daraus nicht einfach geschlossen werden, das Ich entspreche der Männlichkeit (dem Phallus), das Unbewußte der Mutter. Der Ursprung hat nicht nur mit der Mutter zu tun, wenn auch der Phallus in der Zeit nach der Befruchtung noch so unsichtbar wird.

James Hillman nennt diese Art des Denkens – die in allem, was dem Bewußtsein auffällt und gewohnt erscheint, das wahre Wirken des Unbewußten sieht – einen »naturalistischen Irrtum«.[36] Problematisch am naturalistischen Irrtum ist, daß er ein authentisch psychologisches Denken verhindert, weil er genaue Analogien zwischen der sogenannten Welt der Natur und der Welt der Psyche feststellt. Es ist möglich, bei der Erörterung einer psychologischen Frage auf die Lebenserfahrung zurückzugreifen und ähnliche Züge der Psyche herauszuarbeiten. Ich habe das im Hinblick auf den Phallus getan und die Beschaffenheit der Erektion wie der männlichen Sexualität genommen, um die Vorstellung eines inneren, archetypischen Phallus einzuführen. Diese Logik läßt sich nicht durchweg anwenden. Wenn ein Kind in den ersten Jahren den Vater weniger tief erlebt als die Mutter, kann daraus nicht unbedingt gefolgert werden, die männliche Mitwirkung an der Entstehung spiele im Leben des Kindes keine oder nur eine untergeordnete Rolle. Das Kind erlebt vielleicht den Vater nicht so direkt wie die Mutter, aber der archetypische Phallus ist gegenwärtig, ob nun die Anwesenheit eines Mannes außen erlebt wird oder nicht. Psychologisches Denken ist widersprüchlich wie auch geradlinig. Hillmans Sichtweise lenkt die Aufmerksamkeit auf scheinbar unvereinbare Vorstellungen, Bilder und Energien, die tatsächlich zusammenpassen, wenn sie vom Mythos her gesehen werden. Die Gewißheit Jungs, daß die *Coniunctio oppositorum* ein Grundprinzip der Psyche sei, wird von Hillman geteilt und weiter vertieft.

Das Mutterrecht als endgültige Antwort auf die Frage nach dem Ursprung des Männlichen hat ebenso mit dem naturalistischen Irrtum zu tun wie die Auffassungen der Psychoanalyse, der Phallus sei »nichts als« der Besitz der kosmischen und überwölbenden Mutter, ganz nach der Art der Beziehung eines kleinen Jungen zu seiner Mutter. Ein Beispiel, wie komplex es werden kann, wenn Vorgänge in der Natur herangezogen werden, um psychologische Gedanken zu stützen, finden wir in den genetischen Studien von Money und Ehrhardt von der Johns Hopkins University. Sie schreiben:

Es ist anscheinend Naturgesetz, daß bei der Männlichwerdung etwas hinzugefügt werden muß... was die Entwicklung der weiblichen Merkmale hemmt... Im Fall des Körperbaus bedeutet die Hemmung der Entwicklung zum Mann eine Entwicklung zur Frau... ein weiterer Beweis, daß die Natur beim Mann mehr Schwierigkeiten als bei der Frau hat, die Geschlechtsdifferenzierung durchzuführen. Der Natur unterlaufen beim Mann mehr Fehler.[37]

Diese Feststellung scheint Bachofens Behauptung von der Vorrangstellung des Weiblichen zu stützen, dazu Freuds und Jungs Annahme der Dominanz der Mutter. Sie scheint Hillmans Begriff des naturalistischen Irrtums zu widersprechen, da sich die weibliche Natur selbst wieder hervorbringt und sich nur durch eine Interferenz, ein Eingreifen in einen biologischen Vorgang, in die Richtung des Männlichen bewegt. Außerdem lassen Money und Ehrhardt die Kastrationstheorie, mit der Freud den Phallus verteidigte, zweifelhaft erscheinen, da die Frauen keine kastrierten Männer sind. Eher sind die Männer weiterentwickelte Frauen – die entstehende Klitoris wird zum Penis, das Gewebe der Schamlippen wächst zusammen und bildet den Hodensack. Wenn der Penisneid jedoch eine psychische Eifersucht auf die weiter gediehene männliche Entwicklung ist, wäre Freuds Theorie weiter gültig und würde durch die angestrengten Bemühungen der Feministinnen bestätigt, die die gleiche gesellschaftliche Macht wie die Männer erreichen wollen.

Das Etwas, das hinzugefügt werden muß, sind biologisch gesehen die Androgene, eine Reihe von Steroidhormonen, die im Fötus die männlichen Merkmale entwickeln. Eingebracht werden die Androgene durch eine Samenzelle, die das Y-Chromosom trägt. Wo kommt das Y-Chromosom her? Hier können wir die Warnung Hillmans vor dem naturalistischen Irrtum besser verstehen. Was steht am Ursprung der Identität hinter der Mutter, oder neben ihr? Die Mutter hat kein Monopol auf die Entstehung des Lebens, auch wenn sie in der frühen Kindheit, in entwicklungsgeschichtlichen Darstellungen oder in der Theorie der Psychoanalyse die Hauptrolle spielt. Ein entscheidendes »Etwas« greift ein, bleibt aber unsichtbar. Ein Festhalten am naturalistischen Irrtum bringt nicht nur einen Mangel an psychologischer Genauigkeit mit sich, sondern führt auch zu einem Verlust des Nuancenreichtums der Einbildungskraft. Zuletzt handelt es sich um eine vom Ich kunstvoll ausgeschmückte Wiederholung eines beschränkten und abgedroschenen Gesichtspunkts.

Sowohl Freud wie Jung gingen von der psychologischen Bedeutsamkeit des Phallus aus, ohne die Grundlage dieser Annahme zu untersuchen. Wenn wir begreifen, welch wichtigen Platz die Mutter in ihrem Denken und Schreiben einnahm, können wir ihr Interesse am Phallus verstehen. Neben der patriarchalen Kultur, von der wir schon sprachen, kann es noch andere Gründe geben, warum beide ein Element relativ unbeachtet ließen, das sie für entscheidend hielten (wir erinnern uns, daß Jung davon spricht, es habe ihn sein ganzes Leben beschäftigt). Hinweise auf Phallus und abgeleitete Worte und Begriffe füllen im *General Index to the Collected Works of C.G. Jung* mit seinen 735 Seiten kaum mehr als eine halbe Seite, und die meisten Einträge verweisen auf phallische Symbole, die in einem anderen Zusammenhang betrachtet werden. Jungs Abneigung gegen das, was er bei Freud für eine dem Konkreten verhaftete Betonung der Sexualität als der Quelle psychischer Energie ansah, war natürlich auch ein Grund, und doch paßt Jungs Bogen um die konzentrierte Beachtung der männlichen Sexualität kaum zur Bedeutung, die er dem rituellen Phallus seines frühen Traumes beimaß.

Wieso haben sie sich dem Phallus nicht eingehender gewidmet? Ich vermute, Freud wäre durch eine genauere Untersuchung der Bedeutung von Penis und Kastration in Bereiche vorgedrungen, die er aufgrund des Abbruchs der Beziehungen zu Jung lieber mied. Zum Bruch kam es, weil Jung sein Buch *Symbole der Wandlung* geschrieben hatte, das deutlich zeigte, daß er sich im Gegensatz zu seinem Mentor in Richtung Religion und Mythos bewegte. Eine gründlichere Untersuchung des Phallus hätte Freud möglicherweise auf dieselbe Bahn geführt. Jungs Zurückhaltung spiegelte vielleicht die Freuds. So wie Freud davon absah, dem kollektiven Unbewußten seine Aufmerksamkeit bewußt zuzuwenden, weigerte sich Jung, seine Forschungstätigkeit auf die physische Sexualität auszudehnen, wie das heute noch viele jungianische Analytiker tun. Jung kritisierte die Art, wie Freud mit dem Traum umging, den er Jung an Bord des Schiffes vorlegte, das beide 1909 in die USA trug. Nach Jung weigerte sich Freud, einige persönliche Details zu dem

Indische Handgeste, die den *Lingam* in der *Yoni* darstellt.

Traum mitzuteilen, und zwar mit den Worten: »Ich kann doch meine Autorität nicht riskieren!«[38] Dieser Bericht Jungs ließe sich auch als unbewußtes Eingeständnis einer Schattenprojektion auf Freud deuten. Möglich, daß Jung den Phallus nur aus der Distanz zu erforschen vermochte, die durch sein Interesse an symbolischen Bezügen hergestellt wurde.[39]

Ob nun Freud dem Mysterium und Jung dem Körperlichen mißtraute, Tatsache ist, daß beide keine wichtigen Forschungsarbeiten zum Thema Phallus leisteten, und daß auch ihre Schüler kaum etwas zu ihm beitrugen. Das hat sich nachteilig auf die Bedeutung des archetypisch Männlichen ausgewirkt und zu einer Unausgewogenheit in der psychoanalytischen Theorie geführt, die behoben werden muß.

4 Über die psychoide Natur des Phallus

Auf dem steten Punkt der kreisenden Welt. Weder Fleisch noch
Geist;
Weder fort von ihm noch zu ihm hin; am steten Punkt ist der
Tanz,
Der weder einhält noch weitergeht. Und nennt es nicht Still-
stand,
Wo Vergangenes und Zukunft vereint sind. Weder Fortgehn
noch Hingehn,
Weder Steigen noch Fallen. Wäre der Punkt nicht, der stete,
So wäre der Tanz nicht – und es gibt nichts als den Tanz.
Ich kann nur sagen: *dort* waren wir, doch nicht wo.
Ich kann nicht sagen, wie lange, denn das stellte es in die Zeit.

T.S. Eliot: »Burnt Norton«. *Vier Quartette*

Neumann und der Doppelaspekt des Phallus

Erich Neumann (1905-1960) hat wichtige Arbeiten zur Jungschen
Psychologie verfaßt und war ein großer Gelehrter auf dem Gebiet
der Mythologie und ihrer psychischen Aspekte.[40] Neumann
errichtete ein eindrucksvolles Gebäude auf der Grundlage von
Bachofens *Mutterrecht*, der Vorrangstellung und dem Übergewicht
des Mütterlichen in der Psyche. Die Psychoanalyse verdankt Neumann den entwicklungsgeschichtlichen Rahmen für die Forschungen Jungs.
In seinem Buch *Ursprungsgeschichte des Bewußtseins* schrieb Neumann:

Hippolytos selbst steht auf der Stufe des entschiedenen Widerstandes
gegen die Große Mutter und der beginnenden Selbstbewußtwerdung als
Jünglingsmann, der zu seiner Eigenständigkeit und Unabhängigkeit kom-

men will. Dieser Zug tritt in seiner Ablehnung der Liebe der Großen Mutter und ihrer phallischen und orgiastischen Sexualbetonung auf, und zwar als »Keuschheit«. Diese Keuschheit bedeutet aber mehr als Sexual-ablehnung, denn sie ist zugleich Selbstbewußtwerdung dessen, was wir die *»obere« Männlichkeit* nennen, im Gegensatz zur *phallischen »unte-ren«*. Es ist subjektstufig die Bewußtwerdung der *»solaren« Männlichkeit* Bachofens gegenüber der *chthonischen*. Diese obere Männlichkeit gehört mit Licht, Sonne, Auge und Bewußtsein zusammen.[41] [Hervorhebungen von E.M.]

Neumann führte hier seine Vorstellung vom Doppelaspekt des Phal-lus ein: es gibt den »unteren«, der im Reich der Sexualität, im Bezirk der Großen Mutter versunken ist, und den »oberen«, der sich fort von diesem Reich in eine geistige Richtung entwickelt. Wir haben da genau Epsteins Skulptur St. Michael und der Teufel in Coventry vor uns. Der untere Phallus ist an einem chthonischen, lichtlosen, vegetativen und animalischen Ort gefangen, in der Unterwelt an die orgiastischen Launen der *Magna Mater* gekettet und ihnen ausgelie-fert. Der obere Phallus wendet sich von diesem Schicksal ab, lehnt, mit Freuds Worten, die Große Mutter ab und betritt den Bezirk des solaren Männlichen, wo das Auge sehen kann, wo die Sonne voll scheint, wo das Bewußtsein die Freiheit hat, sich zu erweitern. Eine Formel schält sich heraus: sexueller Phallus = dem Weiblichen versklavt = Dunkelheit; geistiger Phallus = befreit vom Weiblichen = Licht.

An anderer Stelle in Neumanns *Ursprungsgeschichte* finden wir:

Mythologisch sind die phallisch-chthonischen Gottheiten Begleiter der Großen Mutter, nicht Repräsentanten des Männlichen in seiner Eigenart. Psychologisch bedeutet das, daß die Phallus-Männlichkeit körperbedingt ist und deswegen von der Großen Mutter beherrscht wird, deren Werkzeug das Phallisch-Männliche bleibt.[42]

Hier ist es offen ausgesprochen: ein Mann, der sich für Sexualität interessiert, für den Einsatz seines Körpers, für den Phallus, das körperliche, ausführende Organ seiner Männlichkeit, ist dadurch schon von der Mutter beherrscht, da der ganze Körper einschließ-lich des Phallus ihr Werkzeug ist. Alles, was physisch ist, ist Mutter.

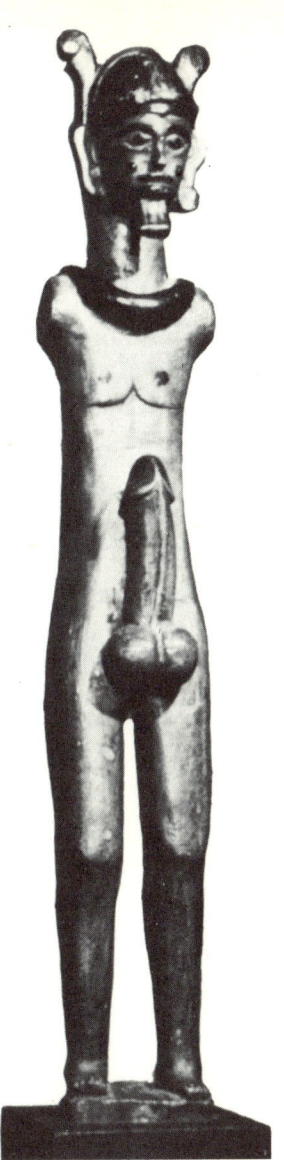

Der Doppelaspekt des Phallus: *links:* geschnitzte Holzfigur aus Indonesien; *rechts:* Christusstatue in der Kathedrale von Chartres mit dem »oberen« Phallus (Buch, Logos, Wort) anstelle des »unteren«.

Der instinkthafte Phallus hat keinen anderen Ursprung. Nach Neumann können Männer, die sich schon stark in die solare Richtung entwickelt haben, »...– selbst wo sie sozial die Führung haben – sich noch der großen Erdmutter der Fruchtbarkeit unterstellen und das Göttinbild der Großen Mutter, das auch und gerade im männlichen Unbewußten herrscht, in einer weiblichen Repräsentation verehren«.[43]

Eine solche Lehre führt zu merkwürdigen Folgerungen: Einsatz des körperlichen Phallus über die Notwendigkeiten der Fortpflanzung hinaus und die Freude an ihm werden als regressiv und noch nicht männlich gesehen, als Akt der Unterwerfung, der mit Recht Gefühle der Schuld und Minderwertigkeit hervorruft. Wahre männliche Identität kann nur über eine Verleugnung des physischen Phallus, durch Keuschheit also erreicht werden. Nur wenn der physische Phallus in ein Symbol verwandelt wird, um so der Besitzerschaft der Mutter zu entkommen, kann der Mann seinen Platz in der Gemeinschaft der erwachsenen Männer einnehmen. Andere Folgen dieser Sichtweise sind die patriarchalen Haltungen, die die Frauen herabsetzen und sich gegen die Männer wenden, die weibliche Eigenschaften zeigen. Dazu kommt die Vergewaltigung der Natur um des Profits willen. Es läßt sich fragen, wie die Symbolisierung des Phallus eine wirklich differenzierte Männlichkeit herbeiführen soll. Alle Phallussymbole, ob nun Universitätstürme, Wolkenkratzer, Kirchtürme oder interstellare Raketen entstammen letztlich der Mutter, wenn der Phallus selbst schon ihr Besitz ist. Der Gedankengang führt teuflisch im Kreis herum und läßt keinen Ausweg zu. Männer, die sich einer auf diesen Voraussetzungen basierenden psychoanalytischen Behandlung unterzogen, sind oft in Schwierigkeiten geraten, was nicht verwunderlich ist.

Zweifellos lassen sich chthonische und solare Eigenschaften des Phallus unterscheiden, und das ist auch nützlich. Problematisch wird es, wenn die beiden, wie Neumann das tat, getrennt werden – wobei der chthonische seiner Beschaffenheit nach als von Natur aus weiblich und damit minderwertig angeschwärzt, der solare hingegen als entwickelte Männlichkeit und überlegen gelobt wird, als handle es sich hier um ein Naturgesetz der Psyche. Beide sind

Formen des Phallus, beide können gut wie auch böse sein (das Thema wird im sechsten Kapitel behandelt). Sie setzen sich gegenseitig voraus.

Das Grundproblem in Neumanns Ansatz

Neumanns Behandlung der Entwicklung des Bewußtseins beleuchtet die unbewußte Matrix des physischen wie psychischen Lebens wie auch die Entwicklung des Ich-Bewußtseins – von Neumann in der Nachfolge Jungs als ein männlich-heldenhaftes Phänomen gesehen, das die Trennung von der Mutter, der *Prima materia* braucht, um in Erscheinung treten zu können. Die Auffassung vom Doppelaspekt des Phallus hat jedoch eine Schwachstelle.

Nach Neumann ist der Ursprung der Psyche und der Menschheit ausschließlich weiblicher Natur. Zu Beginn gibt es kein funktionstüchtiges oder unabhängiges Männliches, keinen Phallus. Der mütterliche Uroboros wurde von Neumann so beschrieben: »Als das in sich kreisend Lebendige ist es [das Ruhende als Absolutes] die Kreisschlange, der Ur-Drachen des Anfangs, der sich in den Schwanz beißt, der Uroboros, der *in sich selber zeugt*.«[44] [Hervorhebung von E.M.] Im Bild des Uroboros läßt sich eine Anspielung auf den Phallus entdecken – der Schwanz im Maul des Drachen – aber mehr als ein Wink ist das nicht, da die Hauptbedeutung des Bildes deutlich im »Runden« liegt, der Form, die am klassischsten weiblich ist. Neumann erwähnt sogar einen »väterlichen Uroboros«, ein unbestimmtes Väterliches am Anfang, eigentlich die »männliche Geistseite des Weiblichen«.[45] Eine nur schwache Anspielung auf den Phallus, der ein Aspekt des Weiblichen bleibt – das Problem, mit dem wir es hier zu tun haben. Die Schwachstelle ist das Fehlen des Urphallus als gleichrangigem Partner in Neumanns Schöpfungsmythos.

Neumann unterscheidet vier Stadien der männlichen Entwicklung, zwei passive und zwei aktive. Das erste ist ein vollständiges Enthaltensein im Mutterschoß, im Runden, im Uroboros. Die zweite

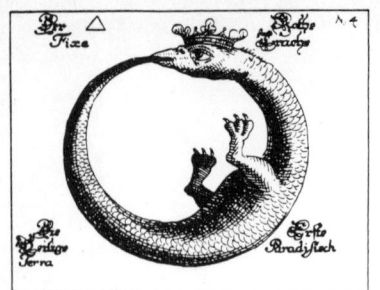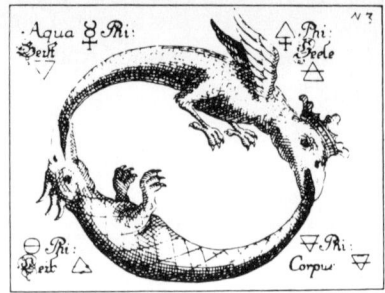

Zwei Bilder des Uroboros.
(Eleazar, *Uraltes chymisches Werk*, 1760)

Stufe ist matriarchal, wobei der Mann der Mutter-Königin untergeordnet ist, in einem gewissen Sinn zwar getrennt von ihr, ihr aber doch zum Dienst verpflichtet. Das dritte Stadium, das erste aktive, ist das des Helden, der männliche Kampf mit Versuch und Irrtum, durch den er sich von der Mutter befreien will, um sein eigener Herr zu werden, um im Königreich mitzuhelfen und es vielleicht sogar selbst zu regieren. Das vierte ist das der Fortpflanzung, wo sich der Mann mit dem Mutterersatz vereinigt, um eine neue Generation zu zeugen, eine Erfüllung der ursprünglichen ödipalen Bindung, aber einen Schritt von ihr entfernt. Die beiden letzten Stadien sind zwar aktiv, hängen aber dennoch von der Anwesenheit von etwas stark Weiblichem ab. Der Mann steht nie wirklich unabhängig für sich. Was der Held auch tut, es verweist zurück auf die Große Mutter, die hinter dem ganzen Prozeß steht. Neumann nimmt in seiner Nachfolge von Freud und Jung wieder Bachofens *Mutterrecht* auf, und sie alle wiederholen in ihren Grundvorstellungen die christlich-paulinische Herabsetzung von Körper und Sexualität.

Mit Neumanns Auffassung sind noch zwei Probleme verbunden, die beide so wichtig wie unangenehm sind. Beim ersten geht es um die Verächtlichmachung des Weiblichen, die dadurch zustandekommt, daß der Phallus in seiner physischen Gestalt, seinem körperlichen Einsatz als minderwertig charakterisiert wird. Wenn die Entwicklung der höheren Männlichkeit mit der Zurückweisung des

Physischen (Mutter = Materie = Weibliches) gleichgesetzt wird, fördert dies stillschweigend eine besonders virulente Form des Patriarchats. Neumann sah die geistigen Möglichkeiten des Menschen, die in der Entfaltung des »oberen« Phallus liegen, nur im Zusammenhang mit einer männlichen Zurückweisung des Materiellen und Weiblichen.

Das andere Problem, das vor allem Jungianern Schwierigkeiten macht, ist die Herabsetzung des Unbewußten im Vergleich zum Ich. Da ein Urphallus als Mitschöpfer des menschlichen Werkes fehlt, ist Neumann gezwungen, eine Entwicklung zu postulieren, die den »oberen« Phallus zum Ziel hat. Das männliche Helden-Ich muß sich als Sieger zeigen, das chthonische Unbewußte soll überwunden werden. Epstein hat vielleicht das Böse des Physischen in männlicher Form dargestellt, doch nach Neumann ist das Physische immer eine Verkleidung der uroborischen Mutter. Das Unbewußte wird so zum Unteren (und Minderwertigen), von dem aus das Bewußtsein in seine Höhe aufsteigt. Von hier aus betrachtet scheint Neumann viel näher an Freud als an Jung zu stehen. Neumann sieht das Es als Feind der Kultur, und das chthonische Unbewußte als Gegner des solaren Phallus. Jung trat trotz der Widersprüche, die sich daraus ergaben, daß er das Unbewußte als weiblich bezeichnete, nie dafür ein, das Ich-Bewußtsein oder den solaren Phallus als Ziel psychischer Tätigkeit aufzustellen. Für ihn war das archetypische Unbewußte in seiner Autonomie und Numinosität im Hinblick auf das Bewußtsein das Primäre und verdiente große Aufmerksamkeit und Achtung. Jung hat zwar meines Wissens Neumann nie öffentlich kritisiert, muß sich aber seine Gedanken über die Folgen seines Werkes gemacht haben. Neumann bewegt sich in seinen gewichtigen Büchern über das Bewußtsein und die Große Mutter unerbittlich in Richtung auf ein schablonenhaftes, konventionelles Ich zu.

Ein reifer Mann kann in der jungianischen Analyse auf ein Problem stoßen. Er wird dazu ermutigt, sich über die Leistungen und Anpassungen seines Ich, über seine solaren Fertigkeiten hinaus zum Unbewußten hin zu bewegen, zum Schatz, der dort auf ihn wartet. Das Unbewußte ist der Ursprungsort des Mannes. Es ist wesentlich für die Entwicklung des Individuums, an den »Ort« zurückzukehren, aus dem es stammt. Bei T.S. Eliot heißt es: »Und das Ende unseres Forschens/Ist, an den Ausgangspunkt zu kommen/Und zum erstenmal den Ort zu erkennen«.[46] Wenn der Ort eines Mannes das Reich der Mutter ist – und daher ihm grundsätzlich entgegenwirkend – wird die Aufnahme der Verbindung erschwert. Wenn der Ursprung allein weiblich gesehen wird, ist der männliche Widerstand zu verstehen, bei all der Energie, die aufgewendet wurde, um die Männlichkeit unabhängig von der Matrix zu etablieren. Ein Mann bleibt entweder, wo er ist, ohne Zugang zur Tiefe, oder er schließt sich der Tiefe an und gibt auf, wonach er so lang gestrebt hat.

Der Phallus als Gottesbild kann diese Schwierigkeit lösen. Der Phallus als Quelle des Männlichen bietet dem Mann eine Möglichkeit, zum Unbewußten zurückzukehren, ohne seine phallische Identität aufzugeben. Die phallische Autorität beruht nicht nur auf dem Gegensatz zur Mutter, wie Neumanns doppelter Phallus das nahelegt. Solange der Phallus nicht unabhängig in den Tiefen des Unbewußten verwurzelt ist, gibt es keine Quelle des Männlichen, an die sich ein Mann wenden kann, auf die er sich verlassen kann, wenn er sich über die Leistungen seines Ich hinaus auf eine Rückkehr zu seinem Ursprung zubewegt… die Quelle enthält dann keine männliche, tragende Struktur. Dieser Mangel unterhöhlt die Rückkehr des Mannes.

Phallos protos und das psychoide Unbewußte

Jung untersuchte in seinen späteren Jahren eine Dimension der Psyche, die das Fehlen des ursprünglichen Phallus in der Theorie der Psychoanalyse weniger schwerwiegend macht. Jung formulierte einen Begriff, der verwickelte und widersprüchliche Aspekte des Problems der Gegensätze löst, wie den zum Beispiel, der sich in Neumanns Gedanken zur Entstehung der Menschheit in mythologisch-psychologischer Sicht zeigt.

Ich spreche von dem, was Jung das »psychoide Unbewußte« nannte. Die Analytikerin und Autorin Aniela Jaffé, lange Jahre Schülerin Jungs und während der letzten zehn Jahre seines Lebens seine Sekretärin, schreibt:»Von 1946 an bezeichnete sie [die Archetypen] Jung als *psychoid*, das heißt: sie sind nicht als rein psychische Größen zu verstehen, sondern ihre Natur ist ebenso psychisch wie physisch.«[47]

Jung hat seine schriftlichen Äußerungen über das psychoide Unbewußte nie systematisch geordnet und nur selten auf es hingewiesen, als könnten die Leser, die die Richtung seiner Arbeit insgesamt verstanden, auch diese Entwicklung seines Denkens verstehen. Psychoid bedeutet wörtlich seelenartig. Wenn wir etwas psychoid nennen, sprechen wir von einer seelenartigen Eigenschaft in etwas, das gewöhnlich der Psyche oder dem Psychologischen nicht zugerechnet wird. Der Begriff tut im Zusammenhang mit Archetypen oder dem Unbewußten fast weh, da beide nach allgemeinem Verständnis eindeutig in den Bereich der Psyche gehören. Wenn Jung psychoid im Zusammenhang mit den Archetypen verwendete, wollte er den Aspekt des Archetyps bezeichnen, der in der physischen Welt zu sehen war, seine sogenannte äußere Manifestation. Um das, was Jung meinte, besser zu verstehen, können wir die wörtliche Bedeutung von psychoid umkehren. Wenn wir zum Beispiel psychoid und Phallus verbinden, zeigen wir damit an, daß das erigierte physische Organ etwas Seelenartiges ist, daß es sowohl Psyche wie Physis ist.

Jung schrieb:

Die psychoide Natur des [Archetypus] enthält sehr viel mehr als das, was man in eine psychologische Erklärung einbeziehen könnte. Sie weist auf die Sphäre des *unus mundus* hin, zu welcher sich die Psychologie einerseits und die Atomphysik andererseits ihre getrennten Wege bahnen, wobei sie unabhängig voneinander gewisse analoge Hilfsbegriffe erzeugen. Wenn schon der Erkenntnisprozeß auf seiner *ersten Stufe* unterscheidet und zertrennt, so wird er doch auf der *zweiten Stufe* das Getrennte wieder vereinigen, und darum wird eine Erklärung nur dann befriedigend sein, wenn ihr eine Synthese gelingt.[48] [Hervorhebung von E.M.]

Jungs Formulierung »psychoide Natur des Archetyps« setzt ein psychoides Unbewußtes voraus, von dem er an anderer Stelle auch direkt spricht.[49] Die Beziehung zwischen den beiden Konzepten psychoides Unbewußtes und *Unus mundus* ist umkehrbar, da beide Elemente des anderen enthalten und in den Bereich der *Coniunctio oppositorum*, der Vereinigung der Gegensätze gehören, der so wichtig für ein Verständnis der Gedankenwelt Jungs ist. Bei meiner Verwendung der beiden mache ich einen Unterschied, der einen Grad der Entwicklung bezeichnet. Ich sehe das psychoide Unbewußte als grundlegendes Konzept, in dem wie ein Keim, als Möglichkeit, der *Unus mundus* liegt. Der *Unus mundus* ist das Ziel. Ich möchte hier mit dem Gedanken vertraut machen, daß beide paradoxer Natur sind, in der die Psyche »ebenso psychisch wie physisch« ist, wie Aniela Jaffé schrieb.

Man kann kaum sagen, daß Jung das ganzheitliche Konzept, das er psychoid/*Unus mundus* nannte, als erster entdeckt hat. Mystiker, Seher und Dichter hatten schon immer davon gewußt. Der Monotheismus kann sogar eine kollektive, kulturelle Manifestation der Energie sein, die dieser Gedanke über die Jahrtausende in der Psyche entfaltet hat. Jung hat allerdings das Konzept der Ganzheitlichkeit zu einem Zeitpunkt in die Psychologie der Gegenwart eingeführt, als sich die Physik in eine ähnliche Richtung bewegte. Einsteins berühmte Gleichung $E = mc^2$ (die Gesamtenergie E in einer Masse m ist gleich der Masse multipliziert mit dem Quadrat der Lichtgeschwindigkeit c) zeigt, daß »Energie und Materie nicht die zwei Erscheinungsformen des Universums sind, sondern vielmehr zwei Seiten derselben Erscheinung«.[50] Jungs Vorstellung einer entwickelten, ganzheitlichen Welt, des *Unus mundus*, der auf dem psychoiden Unbewußten beruht, hat für die Psychologie eine ähnliche Bedeutung wie Einsteins Relativitätstheorie für die Physik. Über Einsteins Gleichung wurde gesagt, sie weise auf »unermeßliche Schätze hin... die in den vertrauten Stoffen unserer Umgebung gefangen sind – auf ein neues Eldorado, sagenhafter als alle Goldgruben der Erde, wenn der Mensch nur eines Tages lernt, diese Energie freizusetzen und sich dienstbar zu machen«.[51] Dasselbe ließe sich vom *Unus mundus* sagen.

Die Relativität zwischen dem Bewußtsein und den unterirdischen Schätzen des Unbewußten – und noch revolutionärer ausgedrückt die sich gegenseitig ergänzende Beziehung zwischen Materie und Nichtmaterie im psychoiden Unbewußten – verweisen auf einen vergleichbaren Durchbruch auf dem Feld der psychologischen Bewußtheit. Einsteins Prinzip der Relativität oder Jungs psychoides Unbewußtes lassen sich mit den vertrauten Fähigkeiten der sinnlich wahrnehmenden linken Gehirnhälfte nicht fassen – auch hier können wir wieder Hillmans Warnung vor dem naturalistischen Irrtum verstehen. Jung entdeckte, daß Psyche und Materie – Energie und Materie in den Denkkategorien Einsteins – nichts grundsätzlich Getrenntes sind. Das eine ist im psychoiden Unbewußten die Umkehrung des anderen. In einer gewissen Synthese, im *Unus mundus*, liegt die imaginale Vereinigung: jenseits »der ersten Stufe«, wie Jung es im oben Zitierten ausdrückte, jenseits der Trennung in Subjekt und Objekt, Geist und Materie, männlich und weiblich, gut und böse, jenseits aller Begriffe, die als Werkzeuge der bewußten Unterscheidung nötig sind, gibt es eine »zweite Stufe« – die Vereinigung der Gegensätze.

Die Vereinigung manifestiert sich in der Gegenwart in Augenblikken der ekstatischen Transzendenz, die Seher und manchmal auch Liebende erfahren. Sie ist die Grundlage aller Religionsformen, die die Welt des Ich-Bewußtseins als vergänglich ansehen. Die Erkenntnis der Einheit, und sie zu erfahren, ist die gepriesene »zweite Stufe« der Synthese und Individuation.

Jung erkannte eine Eigenart des psychoiden Unbewußten,

[…] eine Art von Rahmenüberschreitungen, die ich als *Transgressivität* bezeichnen möchte, indem sie nicht eindeutig und ausschließlich nur im psychischen Bereich festgestellt werden, sondern ebensosehr auch in nicht psychischen Umständen erscheinen können. (Gleichartigkeit eines äußern physischen Vorganges mit einem psychischen.)[52]

Was als nur physisch gesehen wird, kann aus der Perspektive des Psychoiden ebenso gut als Psyche aufgefaßt werden und umgekehrt. Im männlichen Körper und seiner Psyche steigt zum Beispiel der Impuls, den Penis in einen Phallus umzuwandeln, aus den tiefsten Quellen des Instinkts auf. Nach Neumann ist aber die tiefste Quelle des Instinkts der Bezirk des mütterlichen Uroboros. Sie ist jedoch genauso der Bereich des psychoiden Unbewußten. Da das psychoide Unbewußte durch die archetypische Transgressivität charakterisiert ist, erweist sich der physische Phallus gleichzeitig und paradoxerweise als der geistige: *der »untere« Phallus ist auch der »obere«*. Neumanns Schema ist somit hinfällig. Diese Sichtweise läßt Eliades Feststellung plausibel klingen, daß die Sexualität, zu der wohl oder übel der »untere« Phallus gehört, ein Hilfsmittel der Hierophanie, der Erscheinung des Heiligen ist und zur Erkenntnis dieses Heiligen beiträgt. Um das zu finden, was Neumann die »obere« phallische Männlichkeit nannte, muß sich der Mann nicht von der Sexualität losreißen oder keusch werden. »Oberer« und »unterer« Phallus sind Manifestationen einer einzigen psychoiden Wirklichkeit.

Der Instinkt gehört nicht dem mütterlichen Uroboros allein. Der Instinkt, der auch die Sexualität miteinschließt, ist dem Prinzip der Transgressivität entsprechend sowohl phallisch wie auch sozusagen gebärmütterlich. Wie chthonischer und solarer Phallus sich spiegeln und aufeinander übergreifen, so wirken auch die männlichen und weiblichen Elemente im mythischen sexuellen Ursprung zusammen. Jungs Konzept des Psychoiden fängt Neumanns Logik auf. Das Prinzip der Transgressivität auf den Ursprung angewendet, bedeutet, daß der psychische mütterliche Ursprung die andere Seite des väterlichen Ursprungs ist, ganz gleich, wie unsichtbar der Phallus in der Natur bleibt. Wir haben hier wie in Einsteins Prinzip der Relativität von Energie und Materie »zwei Seiten derselben Erscheinung« vor uns. Der *Phallos protos* oder die »Patrix«[53] ist so unumgänglich wie die Matrix.

Jungs *Unus mundus* ist das psychoide Unbewußte, weiterentwickelt in eine »nachbewußte« Richtung, ganz parallel zu dem, was Jung Individuation nannte. Die Einheitswelt und ihre Eigenart der Transgressivität sind sowohl Funktionen des *Unus mundus* wie des psychoiden Unbewußten, allerdings mit einem bedeutsamen Unterschied. Die einheitlichen und transgressiven Charakteristika der Psyche befinden sich im psychoiden Unbewußten in einem Zustand ursprünglicher Nicht-Differenziertheit. *Unus mundus* ist aber ein Zustand der Bewußtheit, in dem Teilung und Zusammenhang im kognitiven Prozeß nicht mehr nur als Energieströme gesehen werden, die sich in entgegengesetzter Richtung bewegen, wie auf Jungs »erster Stufe«, sondern als komplementäre Kräfte, die gemeinsam einen Weg gehen. *Unus mundus* kommt wie die Individuation nicht ohne große, absichtliche Kämpfe mit dem Leben und dem Unbewußten zustande. Wie beim Phallus leiten ein innerer Impuls und Zielstrebigkeit die Arbeit ein und tragen sie.

Jungs Psychologie ist im Prinzip zugleich analytisch (die »erste Stufe«) und synthetisch (die »zweite Stufe«). Sie bemüht sich, differenzierte Gegensätze in eine potentiell einheitliche Richtung zusammenzuführen, die uns an etwas denken läßt, was wir »neues Bewußtsein« nennen könnten. Das neue Bewußtsein wendet sich nicht von den alten Dingen ab, sondern bringt sie in Jungs Synthese ein, den Punkt, der jenseits des Kampfes liegt, dem es um Differenzierung geht. Im *Unus mundus* verhält es sich mit chthonischem und solarem Phallus wie in dem Zen-Spruch:

Vor der Erleuchtung Holzhacken und Wasserholen,
Nach der Erleuchtung Holzhacken und Wasserholen.

Die psychoide Aura

Jung schrieb von der »psychoiden Aura, die das Bewußtsein umgibt«.[54] Aura ist eine spezifische Schwingung oder Eigenschaft, die eine Person oder einen Gegenstand charakterisiert. Die Aura wird manchmal direkt gesehen, oft aber empfunden oder mit dem inneren Auge intuitiv erkannt. In meiner kindlichen Erfahrung im Bett meines Vaters war die Aura das, was ich in seiner Männlichkeit »sah« – der rituelle Phallus – und was über das hinausging, was ich mit meinen Augen erblickte – den schlaffen Penis.

Die Aura zeigt an, daß etwas von großer Bedeutung ist; sie weist auf die Numinosität hin. In manchen Fällen ist die Aura tatsächlich mit den Augen als schwaches Leuchten zu sehen, das eine Person oder einen Gegenstand umgibt. Häufiger wird sie jedoch mit den inneren Sinnen wahrgenommen. Sie vermittelt Nuancen, Stimmungen und den Eindruck, »dies hat Bedeutung für mich«. Die Aura ist ein Hinweis, daß wir beim Betrachten einer Sache innerlich noch mehr von ihr sehen. Die Aura führt zu einer Offenbarung und Grenzüberschreitung, von einer Dimension in eine andere. Das Bewußtsein in Jungs Bemerkung ist durch die Aura befähigt, sich über das präzise Funktionieren im Sinne des Ich in eine andere Sphäre der psychischen Wirklichkeit zu bewegen – in eine von psychoider Eigenart.

Jung sprach von der psychoiden Aura als handle es sich um eine alltägliche Erfahrung, was sie freilich auch ist. Zum Beispiel habe ich in meiner Küche in Pennsylvania ein breites Erkerfenster, das nach Osten geht und auf eine weite Rasenfläche blickt, die von immergrünen Bäumen umgeben ist, welche uns von der Straße und den Nachbarhäusern abschirmen. Dieses Fenster ist etwas Außerordentliches. Es zeigt mir die tageszeitlichen, die jahreszeitlichen Veränderungen. Am Morgen steigt die Sonne über den Horizont aus Bäumen. Am Abend, besonders im Winter, wenn die Sonne hinter dem Haus untergeht, fallen große Schatten auf den Rasen. Die vielen Schwarz- und Grautöne wirken zusammen mit dem weißen Schnee äußerst suggestiv. Ich sitze an unserem runden Tisch im Erker und blicke hinaus in die »psychoide Aura, die das Bewußtsein umgibt«. Wenn ich ahnungsvoll in die Dunkelheit schaue, denke ich auf einmal an den Tod. Im nächsten Moment wieder warte ich auf die Rückkehr meiner Frau aus Scranton. Dann wieder weiß ich, daß ich, wenn sie nicht kommt, aus der Wärme in die Kälte geschleudert werden könnte, aus dem Innern des Hauses in die feindliche Welt draußen. Selbst wenn sie zurückkehrt, kann ich mir nicht sicher sein, ob die Kälte, in die ich hinausblicke, nicht doch ins Haus eindringen und das Draußen mit seiner bedrohlichen Einsamkeit hereinbringen wird.

Meine Erfahrung ist mir ein Beweis für die psychoide Aura, die das Bewußtsein umgibt. Ich schaue aus dem Fenster und weiß gleichzeitig, wer ich bin, wie mein Tag war. Die Rechnungen oben im ersten Stock müssen bezahlt werden. Doch während ich dort sitze, den Untergang der Sonne und die Schatten beobachte, die über den Rasen kriechen, werde ich von einer anderen Wirklichkeit ergriffen. Ich sehe die Dinge mit meinen Augen, aber mein inneres Auge sieht mehr als sie. Ich werde vom Unbewußten angerührt, das mein Bewußtsein etwas anderes ahnen läßt, als mir die sinnliche Wahrnehmung zeigt. Der Rasen bleibt Rasen, die immergrünen Bäume sind, was sie sind. Sie werden nicht zu etwas anderem, wie in einer von Drogen veränderten Wahrnehmung. Eine Stimmung überkommt mich, nicht als eine Unterbrechung der Gedanken, sondern als eine Öffnung hin zum Imaginalen.

Das Wesentliche des psychoiden Unbewußten, wie es die normalen Menschen erleben, ist die Fähigkeit der Transgressivität, der Rahmenüberschreitung. Jung nennt die menschliche Fähigkeit, sich imaginal von einer Ebene der Wirklichkeit auf eine andere zu bewegen, die transzendente Funktion.[55] Meine Erfahrung am Erkerfenster ist bedeutsam für mich, aber nicht besonders ungewöhnlich. Vom psychoiden Unbewußten zu sprechen klingt möglicherweise abstrus oder gar esoterisch, als wäre es ein Faktor, den normale Menschen gar nicht erleben könnten. Dem ist nicht so. Die psychoide Aura ist eine alltägliche Wahrnehmung, die überall in den Durchschnittsleben der Menschen stattfindet, wenn sie von Zeichen aus dem Unbewußten erreicht werden, die sie darin bestärken, einen Moment ruhig zu sein und über das nachzusinnen, was sich ankündigt.

Das psychoide Unbewußte/*Unus mundus* wird zum Verbindungsglied, mit dessen Hilfe wir den Stillstand und das Im-Kreis-Laufen überwinden können, die sich aus Neumanns Definition ergeben, daß der physische Phallus der Mutter entstamme und im archetypisch Weiblichen enthalten sei. Im psychoiden Anfang und innerhalb des *Unus mundus* am Ende der Jungschen Mythologie der Psyche gibt es keine grundlegende Trennung von Fleisch und Geist. Eins greift ins andere über. Der unsichtbare Geist als archetypisch männlich manifestiert sich im Fleisch. Das sichtbare Fleisch als archetypisch weiblich läßt den Phallus in Erscheinung treten. Der Phallus, das *Membrum virile* ist Fleisch und Geist, in einem Wort, psychoid.

Ein topographisches Modell der Psyche

Die Tafel gegenüber kann den Lesern eine Hilfe sein, das psychoide Unbewußte und den *Unus mundus* in einen größeren Zusammenhang zu stellen. Wir können sehen, wie der *Unus mundus* zurückreicht bis in die allerersten Anfänge des psychoiden Unbewußten, bevor sich Männliches und Weibliches differenzieren. Sobald diese Differenzierung geschehen ist, reißt erst das Matriarchat, dann das Patriarchat die Macht an sich, was zu »Bewußtseinsschichten« führt, von denen sich Neumann in seinen Spekulationen über den Phallus nicht lösen konnte. Neumanns Theorie vom Doppelaspekt des Phallus war eine Abwehr dessen, was hier Altes Bewußtsein genannt wird, des Matriarchats, das nach oben drängte. Eigentlich versucht die Theorie vom doppelten Phallus die Überlegenheit des Patriarchats zu rechtfertigen. Jungs Konzepte des psychoiden Unbewußten und des *Unus mundus* machen einen derartigen Rechtfertigungsversuch unnötig. Das Neue Bewußtsein, die Bewegung, die über das Patriarchat hinausführt, ist nicht mehr auf eine Herabsetzung des Weiblichen angewiesen, damit der Phallus sich etablieren kann. Die Männlichkeit findet ihre Mitte in der inneren phallischen Wirklichkeit. Sie führt gemeinsam mit der Anima im Mann zur Wiederherstellung der Ganzheit, die möglich wird, weil der *Phallos protos* Teil der Struktur des psychoiden Unbewußten ist.

Das Neue Bewußtsein ist allerdings nachbewußt, und zwar in dem Sinn, daß es weder vom Patriarchat noch vom Matriarchat abhängig ist. Es hat beide hinter sich gelassen. Es geht ihnen nicht wie das psychoide Unbewußte voraus. Das Neue Bewußtsein kennt das Böse und den Schatten als archetypische Eigenschaften (wie sich die primitive Menschheit ihrer bewußt war), kennt sie aber auch ganz entscheidend als persönliche Eigenschaften – vor dem Erscheinen von Matriarchat und Patriarchat eine ganz undenkbare Stufe. Der Konflikt, der sich aus dem Wettstreit der Geschlechter um die Vorrangstellung ergibt, bringt die Möglichkeit der Integration des Schattens. Wenn wir unschuldig sind, sind wir unbewußt.

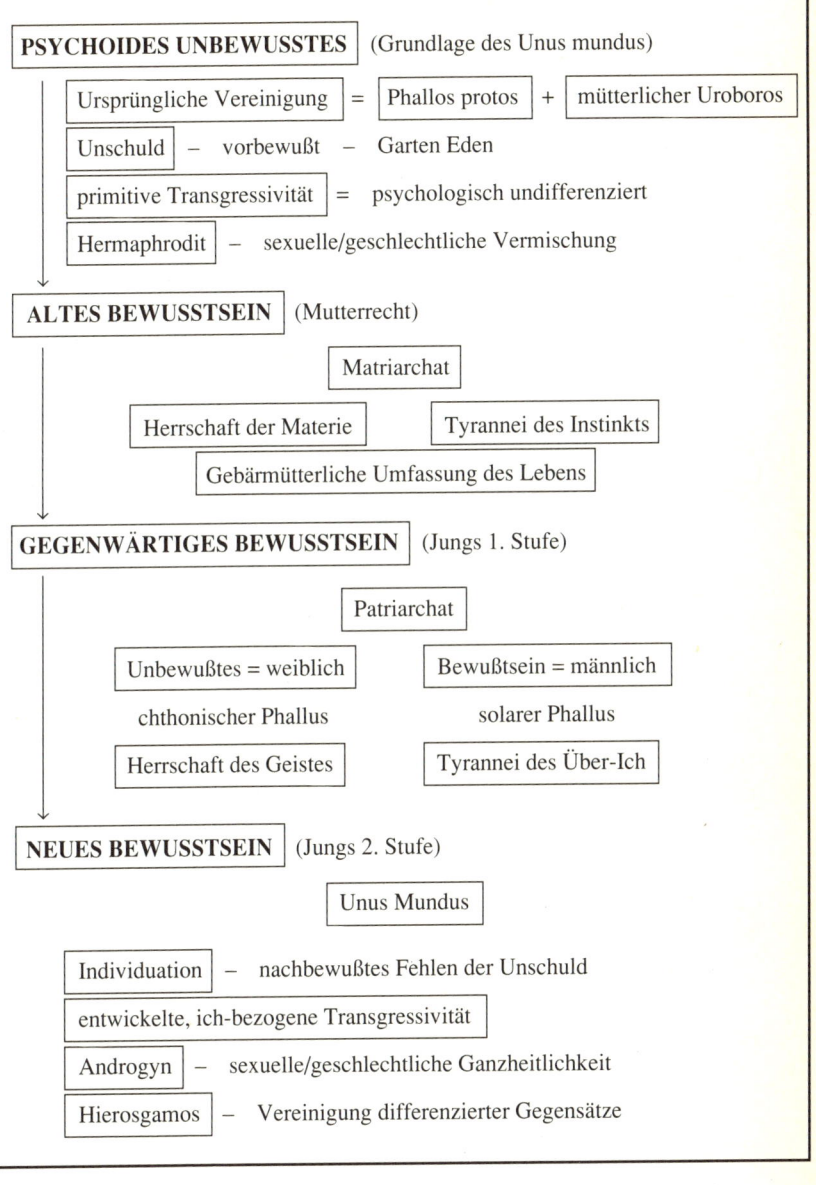

**Ein topographisches Modell der Psyche,
einschließlich des psychoiden Unbewußten**

PSYCHOIDES UNBEWUSSTES (Grundlage des Unus mundus)

Ursprüngliche Vereinigung = Phallos protos + mütterlicher Uroboros

Unschuld – vorbewußt – Garten Eden

primitive Transgressivität = psychologisch undifferenziert

Hermaphrodit – sexuelle/geschlechtliche Vermischung

ALTES BEWUSSTSEIN (Mutterrecht)

Matriarchat

Herrschaft der Materie   Tyrannei des Instinkts

Gebärmütterliche Umfassung des Lebens

GEGENWÄRTIGES BEWUSSTSEIN (Jungs 1. Stufe)

Patriarchat

Unbewußtes = weiblich   Bewußtsein = männlich

chthonischer Phallus   solarer Phallus

Herrschaft des Geistes   Tyrannei des Über-Ich

NEUES BEWUSSTSEIN (Jungs 2. Stufe)

Unus Mundus

Individuation – nachbewußtes Fehlen der Unschuld

entwickelte, ich-bezogene Transgressivität

Androgyn – sexuelle/geschlechtliche Ganzheitlichkeit

Hierosgamos – Vereinigung differenzierter Gegensätze

Die Hochzeit (*hierosgamos*) von Materie und Geist im *Unus mundus* ist ein Zeichen, daß das psychoide Prinzip auf der höchsten Ebene präsent ist, die Menschen erreichen können. Jungs großem Interesse an der *Coniunctio oppositorum* in der Alchemie und seiner allgemein vorausschauenden und optimistischen Haltung als Analytiker läßt sich entnehmen, daß auch er dieser Ansicht war. Die Verschiedenheit von primitiver und entwickelter Transgressivität wird verständlich, wenn wir den psychologischen Unterschied zwischen einem Mann betrachten, der zwanghaft homosexuell ist – zum Beispiel aufgrund einer Anima-Invasion des Ich – und einem Mann, der fähig ist, erotische Gefühle, die er für einen anderen Mann empfindet, ohne Zwang auszudrücken, ob er nun im großen und ganzen homosexuell oder heterosexuell ist. Ein transgressiv entwickelter heterosexueller Mann ist mit seiner Anima eng genug verbunden, um ihr die Freiheit des erotischen oder sonstwie gearteten Ausdrucks zu gestatten, die sie braucht. Er ist nicht länger durch die Verbote des Über-Ich gefesselt.

Ein ähnlicher Unterschied besteht zwischen der Androgynität im Neuen Bewußtsein oder auf der Stufe des *Unus mundus* und dem Hermaphroditen im psychoiden Unbewußten. Der Hermaphroditismus ist seiner Natur nach durch ein Fehlen klarer Geschlechtsdifferenzierung gekennzeichnet. Er ist ein »Zwitter«, wobei »Organe« beider Geschlechter vorliegen, als sei in der Trennung der Geschlechter kein Wettstreit mitinbegriffen oder vorgesehen. In diesem Sinn ist er unschuldig, kümmern ihn die Machtkämpfe zwischen Matriarchat und Patriarchat nicht. Er liegt vor der Trennung und ist vorbewußt. Die Androgynität ist völlig anders. Der Androgyn kennt den Unterschied zwischen Männlichkeit und Weiblichkeit und entscheidet sich, einen ihm/ihr eigenen Teil des anderen Geschlechts in seine/ihre dominante Identität einzugliedern. Eine androgyne Person gibt nicht vor, zum anderen Geschlecht zu gehören. Ein androgyner Mann wird seine weiblichen Eigenschaften nicht verdrängen, auch wenn er sich gelegentlich entscheiden mag, sie zu unterdrücken. Er weiß, sie sind ein Teil von ihm. Er hat an seinem Ich-Widerstand gearbeitet, um sie zu integrieren. Er weiß, daß es Zeiten gibt, wo er sich entschließt, so zu denken und vielleicht auch zu handeln, wie die »sie« in ihm. Aus diesem Grund ist Jungs Konzept der Individuation, in der der persönliche Mythos angenommen und gelebt wird, eine Vorwegnahme des *Unus mundus*.

Alchemistisches Bild des sexuell undifferenzierten Hermaphroditen.
(*Rosarium philosophorum*, in *Artis auriferae*, 1593)

Noch auf einen weiteren Aspekt möchte ich aufmerksam machen. Die Dimension der Psyche, die wir psychoid/*Unus mundus* nennen, lernte ich schätzen, weil mir das christliche Mysterium der Eucharistie so wichtig ist. In der Eucharistie werden gewöhnliches Brot und Wein genommen, gesegnet, gebrochen und ausgeteilt. Die Gläubigen empfangen nicht nur Brot und Wein, sondern auch das Sakrament des Fleisches und Blutes Christi, die ich als ein Symbol für das Selbst auffasse. Die Eucharistie ist ein kollektives Ritual des *Unus mundus*, das auf dem transgressiven Prinzip im psychoiden Unbewußten beruht. Die Feier des Abendmahls ist zwar äußerst stilisiert und im Lauf der Jahrhunderte mit zeremoniellen Zusätzen versehen worden, doch der »springende Punkt« der Sache ist im Kern fest verwurzelt geblieben. Deshalb empfinden noch viele Menschen so wie ich auch Hochachtung für das Ritual, obwohl vieles der christlichen Tradition und Praxis seine Bedeutung verloren hat. Die Eucharistie feiert den paradoxen Austausch, der der Beziehung zwischen anscheinend inkommensurablen Gegensätzen eigen ist – zwischen Bewußtsein und dem Unbewußten zum Beispiel, oder Materie und Geist – und zur *Coniunctio oppositorum* führt.

Die *Axis mundi* als ein Bild des *Phallos protos*

Das Konzept der *Axis mundi* stellt für mich ein Bild dar, in dem die Bedeutung des Phallus als eines Urbildes der Männlichkeit, als *Phallos protos* gut sichtbar wird. Mit dem Bild der *Axis mundi* ist nicht so leicht zu arbeiten, da Jung zumindest im gedruckten Werk den Begriff nicht verwendete. Anders verhält es sich mit der *Anima mundi*, der Jung große Aufmerksamkeit widmete und der er große Bedeutung beimaß.

Wie aus einer Reihe von Texten hervorgeht, beziehen sich die Alchemisten mit ihrem Begriff der *anima mundi* auf die Weltseele in Platons *Timaios* einerseits, andererseits aber auf den Heiligen Geist (spiritus veritatis), der schon bei der Schöpfung zugegen war und die Rolle des *phytor* in bezug auf die Schwängerung der Wasser mit Lebenskeimen gleich wie später auf höherer Stufe bei der *obumbratio* Mariae [Beschattung Mariens] erfüllte.[56]

Diese Stelle stammt aus Jungs langer Abhandlung über den Geist Mercurius, der in einer von Jungs alchemistischen Quellen selbst als die *Anima mundi* bezeichnet wird. Kein Zweifel, daß der Vorgang, den Jung hier beschrieb, in seinem Bezug auf den Heiligen Geist männlicher Natur ist. Die Wahl der Worte *phytor* [Erzeuger], Schwängerung, Lebenskeime und *obumbratio Mariae* machen das deutlich. Weiter unten in dem Absatz bemerkte Jung: »…auch hier

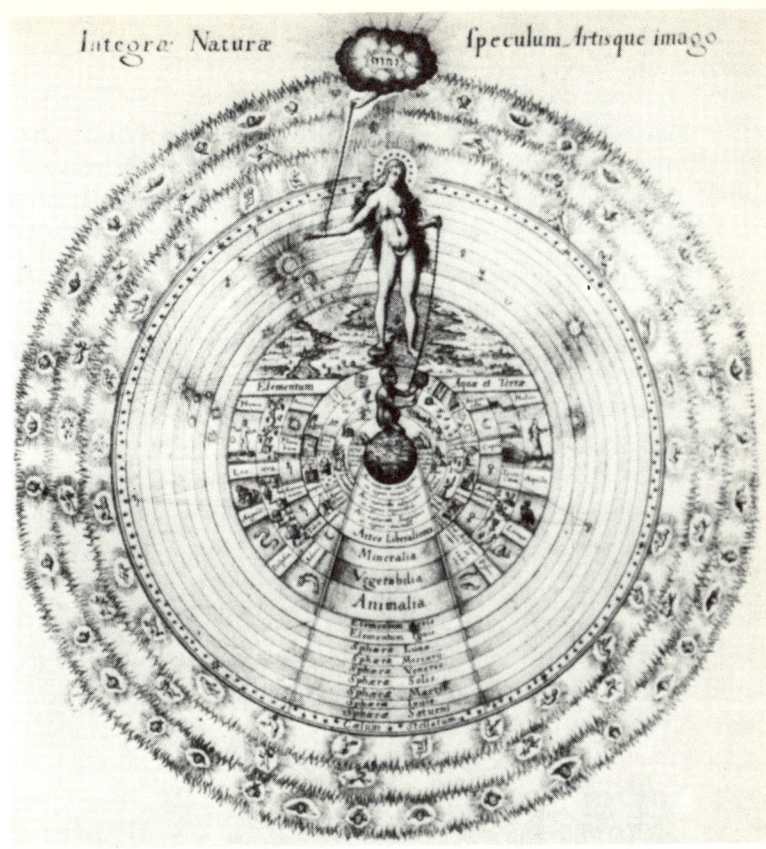

Die *Anima mundi* als Weltseele und Führerin der Menschheit.
(Aus Fludd, *Utriusque cosmi*, 1617)

begegnen wir wieder der Identität von Geist und Stoff«. Darin spiegelt sich die psychoide Eigenschaft des Mercurius im Unbewußten. Die Worte im Zitat, die ein aktives Handeln beschreiben, deuten auf den Phallus hin.

Jung verwendete einen weiblichen Begriff, *Anima mundi*, um die Teilnahme des Männlichen an der Schöpfung zu beschreiben, was zu der Verwirrung im psychoanalytischen Denken beiträgt, von der ich schon gesprochen habe. Wir können verstehen, wie es dazu kam. In der Alchemie scheint es keine Bezeichnung des Männlichen gegeben zu haben, die den ursprünglichen Phallus so deutlich benennt, wie die *Anima mundi* die ursprüngliche Seele. Anima ist wie Seele immer weiblich. Bei den männlichen Energien, die zur Schöpfung erforderlich sind, muß es jedoch um etwas anderes als Seele gehen. Wir sind hier auf den *Phallos protos* angewiesen, den die Alchemisten im Heiligen Geist fanden. Die Verwirrung kommt aber dadurch zustande, daß der *Anima mundi* ein seiner Funktion nach männlicher Heiliger Geist eingefügt wird. Die Einbeziehung des Mercurius verbessert die Situation ein wenig, weil er an der Materie wie am Geist teilhat, aber doch nicht genug, wie ich meine. Sowohl der Heilige Geist wie Mercurius sind als männliche Bilder der weiblichen Seele untergeordnet.

Das Bild der *Axis mundi* hebt diese Verwirrung auf. Eine Achse ist eine Mittellinie, um die etwas kreist oder symmetrisch angeordnet ist. Die Weltachse ist der ursprüngliche Angelpunkt, um den sich die Welt dreht. Da sie zweifellos phallisch wirkt und kosmische Bedeutung hat, handelt es sich bei ihr um ein Bild, das eine Urpräsenz des Männlichen ausdrückt. Es eignet sich als Gegenstück zum Großen Runden oder Uroboros Neumanns und aller kreisförmigen oder gefäßartigen Symbole des Urweiblichen. Die Weltachse durchdringt das große Runde der Erde und schafft so die Verbindung zum Kosmos.

In der Literatur, die sich mit der Psychoanalyse und der Welt der Bilder auseinandersetzt, wird die *Axis mundi* als archetypisches Symbol selten erwähnt. Nirgendwo wird davon gesprochen, daß sie als spezifisch phallisch aufgefaßt werden kann. Roger Cook schrieb in *The Tree of Life*:

Das Bild des Kosmischen Baumes oder Lebensbaumes gehört zu einer zusammenhängenden Gesamtheit von Mythen, Ritualen, Bildern und Symbolen, die der Religionshistoriker Mircea Eliade als »Symbolik des Zentrums« bezeichnet… Das zeigt sich besonders deutlich in der Faszination, die der Ursprung auf die Menschen ausübt, um den letztlich alle Mythen kreisen. Das Zentrum ist vor allem der Punkt des »absoluten Beginns«, an dem die latenten Energien des Heiligen zum erstenmal durchbrachen… In der Symbolsprache von Mythos und Religion wird er

Die *Axis mundi* als Weltenbaum.
(Ausschnitt aus einem bei Zeremonien verwendeten Stoff, Kroe, Sumatra)

oft als »Nabel der Welt«, »Göttliches Ei«, »Verborgener Samen« oder »Wurzel der Wurzeln« bezeichnet. Er wird ebenso als eine senkrechte Achse gesehen, als »Kosmische Achse« oder »Weltachse« (Axis Mundi), die im Zentrum des Universums steht und durch die Mitte der drei kosmischen Zonen Himmel, Erde und Unterwelt geht. Ihr Ende im Himmel ist entweder am Polarstern oder an der Sonne festgemacht, die Festpunkte, um die die Himmelskörper kreisen. Von hier läuft sie hinab durch die Erdscheibe in die Unterwelt.

Die Vorstellung der kosmischen Achse… die sehr alt (viertes oder drittes Jahrtausend v.Chr.) und weit verbreitet ist, äußert sich vor allem in drei Bildern, die in vielen unterschiedlichen Formen auf der ganzen Welt zu finden sind. Es handelt sich um Säule oder Pfeiler, Baum und Berg.[57]

Die Verknüpfung von weiblichen und männlichen Bildern – Nabel und Ei für das Weibliche, Samen und Wurzel für das Männliche – deuten auf den psychoiden Charakter des Symbolsystems, das Eliade und Cook anführen. In der Achse, die phallisch geformt ist und die Funktion des Durchdringens hat, sehen wir deutlich den männlichen Aspekt des »Zentrums« und Mythologems des Ursprungs. Da die *Axis mundi* das Innerste ist, um das sich die Welt dreht, mag in ihr der patriarchale Anspruch auf Überlegenheit mitschwingen. Im Hinblick auf den *Unus mundus* ist dieser patriarchale Anspruch so unsinnig wie der eines allein matriarchalen Ursprungs. Das Bewußtsein, daß das Männliche am Mythologem des Ursprungs teilhat, kann von nichts ausgehen, wenn es keine eigenständige symbolische Urpräsenz kennt. Das »Neue Bewußtsein« wird sich in den Menschen nur unter Bedingungen der Gleichheit entfalten, und nicht unter solchen, die auf einer Reaktion, etwas Sekundärem beruhen. Solche Bedingungen führen stets zu Knechtschaft und Zweitrangigkeit, die psychische Gegenreaktionen und einen Kampf um die Herrschaft hervorrufen, wie das im »Alten Bewußtsein« (matriarchal) und im »Gegenwärtigen Bewußtsein« (patriarchal) der Fall ist.

Den wichtigsten Beitrag der modernen Forschung zum Verständnis der *Axis mundi* finden wir wieder bei Mircea Eliade, in seinem Buch *Schamanismus*. Seit alten Zeiten sind die Schamanen, die wir vor allem in Sibirien und bei den Indianerstämmen finden, Medizinmänner, die sich einer harten Ausbildung unterziehen und in die religiöse Berufung zum Heilen initiiert werden. Die Schamanen benützen die *Axis mundi*, ersteigen sie, wenn sie sich auf ihren ekstatischen Reisen zum Zentrum befinden.[58] Das ist möglich, weil die *Axis mundi* als Weltenbaum ihre Wurzeln in der Unterwelt, ihren Stamm in der Gegenwart, ihr Blattwerk im Himmel hat. Eliade schreibt, daß der Baum manchmal umgekehrt ist, wobei die Wurzeln in die Luft ragen usw., wieder ein Beweis gegen den naturalistischen Irrtum.[59] Wenn im Wigwam ein schamanisches Tieropfer durchgeführt wird, symbolisieren die Pfosten, die die Behausung tragen und das Loch für den Rauch umgeben – durch das der Schamane mit dem Opfer in dem Himmel aufsteigt – die *Axis mundi* und lassen eine Deutung als Phallus zu. Eliade bemerkt dazu, daß

diese Achse als »Öffnung« gilt, als »Loch«; durch dieses Loch steigen die Götter auf die Erde herab und die Toten in die unterirdischen Gefilde, durch dieses Loch vermag die Seele des in Ekstase befindlichen Schamanen aufzufliegen oder abzusteigen, wie er es bei seinen Himmels- oder Unterweltsreisen bedarf.[60]

Das ist der Phallus, der auf seiner Suche nach der Ekstase, die aus dem Ich herausführt, durch ein »Loch auffliegt oder absteigt« – die Lust, die ein Mann im Erotischen sucht. Hier sehen wir einen wichtigen Grund, warum Neumanns Herabsetzung des »unteren Phallus« völlig unangebracht ist.

Angesichts des Zerfalls des patriarchalen »Gegenwärtigen Bewußtseins« stellt das alte Bild der *Axis mundi* genau das dar, was die Männer heute brauchen. Ein sich Ausliefern an das wiederauftauchende Matriarchat ist keine Lösung, weder im kulturellen noch im persönlichen Bereich. Das wäre regressiv und würde schließlich erneut zu einer Verhärtung der patriarchalen Haltung führen, die vergebens versuchen würde, die männliche Identität zu wahren. Sobald ein Urprozeß der inneren Verbindung mit dem Phallus eingesetzt hat und verläßlich funktioniert, besteht für die Männer kein Grund mehr, die Frauen zu fürchten und diese Furcht als Tyrann oder Sklave abzureagieren. Die *Axis mundi* mit ihrem Hinweis auf die strenge, risikobereite Heldenhaftigkeit des Schamanen ist genau das Richtige.

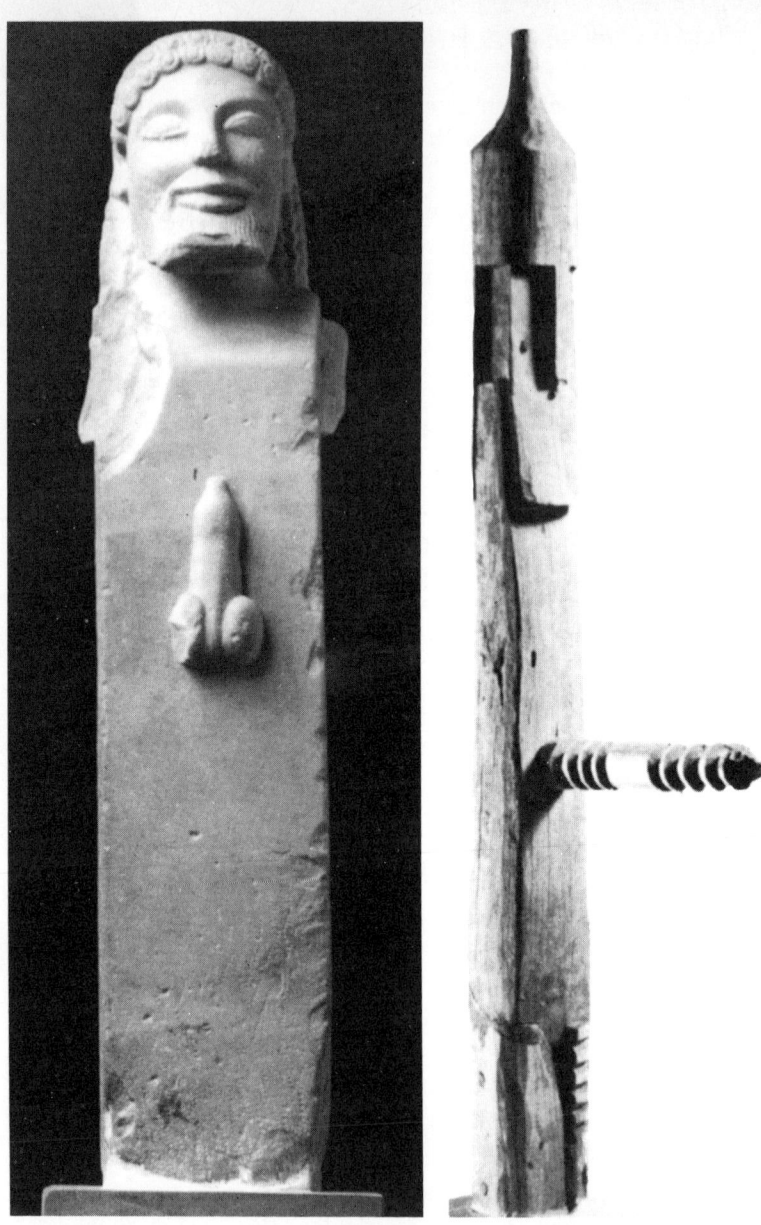

Links: Marmorpfeiler mit Kopf des Hermes, 6. Jh.v.Chr. (Nationalmuseum Athen). *Rechts:* Kriegsgott der Zuni-Indianer von Mexiko.

5 Archetypische Bilder des Phallus

Archetypische Bilder machen die Arbeits- und Wirkungsweise der Psyche sichtbar. Im allgemeinen verläuft der Prozeß, wie wir die archetypischen Bilder wahrnehmen, wie folgt: Auf der elementarsten Ebene befindet sich das psychoide Unbewußte, ursprüngliche und undifferenzierte Energie, aus der heraus sich ein »Funke« zum Muster entwickelt. Das Muster stellt sich den Menschen als Bild dar, in alten Geschichten, die seit Generationen, ja seit Urzeiten überliefert werden, in Träumen und in aktuellen Wiederholungen typischer Muster menschlicher Erfahrung, die das Verhalten bestimmen. Mit der Geburt entwickelt sich das Muster zum Bild wie »Mutter«, »Vater«, »Hunger« usw. Wenn das menschliche Leben keine Muster hätte, müßte die Geschichte der Menschheit mit jeder Geburt neu geschaffen werden. Aus diesem Grund sprach Jung von einer Verbindung zwischen Archetyp und Instinkt. Jedes Kind kommt mit einem kleinen, aber grundlegenden Satz an Instinkten auf die Welt, die es nicht zu lernen braucht. Sie sind wie die psychischen Muster gegeben.

Ich habe Gründe vorgelegt, warum der Phallus ein wesentlicher, dem Mütterlichen ebenbürtiger Faktor im elementaren psychoiden Unbewußten ist. Der Phallus ist ein wesentlicher Aspekt des Grundmusters. Das Grundmuster ist der Quell des Heiligen und Numinosen in der menschlichen Erfahrung. Die menschliche Erfahrung ist in jedem Augenblick mit Numinosität und Sinn durchsetzt, die sich über Geschichten und ihre Auswirkungen auf den alltäglichen menschlichen Umgang den Gemeinschaften und Individuen mitteilen. Ich möchte mich nun einigen alten Geschichten und ihren archetypischen Bildern zuwenden, die als mythische Gestalten in Erscheinung treten und eine phallische Strukturierung verkörpern, wodurch sie als Götter und Helden aufgefaßt werden.

Hermes

Der griechische Gott des Handels, der Erfindungsgabe und List, der Diebe, und der Bote der anderen olympischen Götter, der auch die Verstorbenen in den Hades geleitet, ist ein Musterbeispiel und Bild des Phallus. Der Name des Hermes war mit den Steinhaufen verknüpft, die im antiken Griechenland als Grenzmarken dienten, Kreuzungen von Pfaden, Straßen und Grundstücksgrenzen bezeichneten. Sie hießen Hermen. Rafael Lopez-Pedraza schreibt in seinem Buch *Hermes and His Children*, daß diese Steinhaufen-Hermen, die über das Land verstreut waren wie später in Europa die Kreuze, »archetypische Bilder eines Gottes« darstellten.[61] Nach einer anderen Quelle entstanden die Hermen »aus der Sitte, daß jeder Vorübergehende zu Ehren des Gottes einen Stein auf die täglich zunehmende Menge warf«.[62] So wurde von der Bruderschaft der Männer, die vorbeikam, sozusagen eine Erektion errichtet.

Bruderschaft ist mein Wort, mit dem ich etwas verdeutlichen will. Die Männer bauen eine männliche und phallische Identität auf, indem sie sich verbünden. Nicht alle Männer sind sich über dieses Bündnis mit den anderen bewußt. Sie wissen nicht, wie wichtig es für die Etablierung der männlichen Identität ist. Elder, den ich oben schon zitierte, wies darauf hin, daß die Herme ursprünglich ein eher primitiver Steinhaufen war und sich dann im Lauf der Zeit zu einem Steinpfeiler entwickelte, der oben den Kopf des Hermes trug, »vorne einen Phallos mit Hoden... der sich dramatisch von der schlichten, glatten Fläche abhob, an der er sich befand«.[63] Diese Entwicklung läßt das Phallische der »Steinhaufen« noch besser erkennen.

Die Grenzmarkierung ist selbst schon ein Ausdruck des Phallischen. Ein Analysand kehrte von einem Aufenthalt in einer bescheidenen Hütte zurück, die er gemeinsam mit einem Freund vor ein paar Jahren in einem abgelegenen Wald im Westen der Vereinigten Staaten gebaut hatte. Als er in mein Büro kam, sagte er ironisch:»Ich habe den Sinn des Lebens entdeckt«. Er hatte eben mit einer Frau die Hütte besucht. Der Stolz, den er spürte, als er wieder Verbindung mit seinem Besitz aufnahm, und das Zusammensein dort mit einer Frau hatten zu einem Erlebnis der »Erfüllung« geführt. Die Hütte war noch so einfach wie früher. Er hatte sich über die Jahre hin den vielen Verbesserungsvorschlägen der Freunde widersetzen können, die sich in der Hütte aufgehalten hatten. Das verschaffte ihm große Befriedigung – gehörte mit zu seinem Gefühl, der Besitzer zu sein. Er hatte seine psychische Herme auf jenem Stück Land aufgestellt, und die Tatsache, daß sie respektiert wurde, daß er über eine Autorität verfügte, die Respekt fordern durfte, schuf einen direkten, erfahrbaren Kontakt mit seiner phallischen Identität. Seine Freundin und er hatten den Besuch sehr genossen.

Hermes wird nicht immer so gesehen. Hermes stahl als kleines Kind die Kühe des Apollon, bewegte sich unter den Göttern als ihr Bote, brachte die Toten in den Hades. Woher kommen dann die Hermen, die Grenzen bezeichnen?

Das hat mit Eigentum und Besitzerschaft zu tun, mit den wesentlichen Kennzeichen des Phallus. Die phallische Strukturierung schafft im Mann die Neigung, den Ort besitzen zu müssen, an dem er sich zeigt. Die Möglichkeit, daß der Mann den Phallus an eine und in einer Frau verliert, läßt in ihm wieder das Bedürfnis nach Unabhängigkeit aufkommen, das er aus seiner Begegnung mit der Mutter kennt. Hier geht es um die Kastration. Ein Mann kann von der Frau »verschlungen« werden, in die er eindringt (daher die *Vagina dentata*, die mit Zähnen ausgestattete Vagina, ein Symbol der verschlingenden Mutter, das überall zu finden ist). Die sexuelle Bedeutsamkeit des Besitzens wird analog auf Eigentum und allen möglichen Reichtum ausgedehnt, da auf Jungs »erster Stufe« die Erde, und was sie hervorbringt, zum Bereich des Weiblichen gehören. Die Kastration wird auf dieser Ebene durch Besitzerschaft neutralisiert, durch das Gefühl der Wirklichkeit, das sich mit dem Besitzen einstellt.

Es geht allerdings nicht nur um Kastration. Männliche Verbundenheit hat ihre Wurzeln im Respekt vor dem Phallischen, das allen Männern auf eine Art gemeinsam ist, die mit dem Weiblichen zunächst nichts zu tun hat. Als das Kind Hermes die Kühe Apollons gestohlen hat und von ihm vor den großen Zeus geschleppt wird, befiehlt Zeus dem Hermes, die Tiere an Apollon zurückzugeben, und Hermes gehorcht. Bei dieser Verhandlung ist wichtig, daß die Autorität der Besitzerschaft anerkannt wird. Zeus ist der Richter in dieser Angelegenheit, und Apollon, der Bannerträger des Hergebrachten und der bewußten Formgebung, konnte den Fall für sich entscheiden. Hermes gab den Forderungen der älteren Götter nach. Er erkannte die Grenzen an, die seinem impulsiven Handeln gesetzt sind. In Neumanns Beschreibung des Bewußtseins, das mit dem sogenannten »oberen« Phallus verbunden ist, findet sich auch das Akzeptieren der Einschränkungen, die sich ergeben, wenn ein Mann begreift, daß das chthonische, impulsive, phallische Verhalten, das sich alles nimmt, irgendwann zu mäßigen ist. Die Männer erkennen das, wenn sie Lust und Vergnügen entdecken und sich als Besitzer sicher fühlen. Die wechselseitige Anerkennung in der Bruderschaft aller, die besitzen, führt dazu, daß Steine »auf die täglich zunehmende Menge« geworfen werden und die phallische Herme errichtet wird.

Das soll nicht heißen, die chthonische phallische Impulsivität sei falsch oder an sich tieferstehend. Später geleitet Hermes die Toten in die Unterwelt, mit der er vertraut ist. Wer nicht mit der chthonischen Unterwelt vertraut ist, kann andere nicht führen. Da Hermes den chthonischen Phallus kennt – als der Dieb, der das Eigentum des Bruders an sich nimmt und keine Grenzen anerkennt – wird er zur Herme, zur Figur, die für die Respektierung der Grenzen steht. Hermes veranschaulicht die in sich widersprüchliche Psyche, wie das auch die Psychoanalytiker tun, die in der persönlichen Analyse ihre eigenen Neurosen entdecken und lernen müssen, mit ihnen umzugehen, bevor sie Heiler werden können. Wir können nur erkennen, was wir kennen.

Mercurius

Hermes und Merkur sind Bilder für dasselbe Muster, Hermes im griechischen Bereich, Merkur im römischen. Jung schenkte der alchemistischen Gestalt des Merkur, dem Mercurius, große Aufmerksamkeit und betonte, wie wichtig er sei. Mercurius ist nicht identisch mit Hermes, wie eben zwei mythische Götter, selbst wenn sie den selben Namen tragen, nie wirklich ganz gleich sind. Die Unterschiede zwischen archetypischen Bildern zeigen, wie sehr archetypische Muster im menschlichen Verhalten variieren können. Das Muster hat eine Struktur, die bei allen Menschen ähnlich und daher zu erkennen ist, während die Varianten eine Person einzigartig sein lassen. Archetypische Bilder gleichen Gesichtern. Jedes Gesicht hat Augen, Nase, Mund usw. als feststehende Teile eines Musters. Zugleich ist jedes Gesicht individuell geformt.

Jung schrieb, daß Mercurius »in seltsamer Verhüllung während vieler Jahrhunderte bis in die neuere Zeit weitergelebt... hat«.[64] Er war für die mittelalterlichen Alchemisten der Geist des *Opus* und wurde von Jung folgendermaßen beschrieben, nämlich als

Offenbarungsquelle göttlicher Geheimnisse, oder er wird in der Gestalt von Gold als Seele der Arkansubstanz... oder als Befruchter der arbor sapientiae [Baum der Erkenntnis] aufgefaßt... als Götterbote, als Hermeneut (Deuter)... ithyphallischer Hermes [mit erigiertem Glied]... Mercurius ist auch die »beständige Kohabitation«, wie sie sich in der Shiva-Shakti-Vorstellung des Tantrismus am reinsten darstellt.[65]

Diese Beschreibung kommt einem Lobgesang auf den Schurken Hermes-Mercurius nahe, den Dieb, den als Kind schon listenreichen, vertraut mit der chthonischen Unterwelt und stark phallisch.

Hier Jungs Zusammenfassung der vielfältigen Aspekte des erstaunlichen Mercurius:

a) Mercurius besteht aus allen erdenklichen Gegensätzen. Er ist also eine ausgesprochene Zweiheit, die aber stets als Einheit benannt wird, wennschon ihre vielen inneren Gegensätzlichkeiten in ebenso viele verschiedene und anscheinend selbständige Figuren dramatisch auseinandertreten können.

b) Er ist physisch und geistig.

c) Er ist der Prozeß der Wandlung des Unteren, Physischen in das Obere, Geistige und vice versa.

d) Er ist der Teufel, ein wegweisender Heiland, ein evasiver »trickster« und die Gottheit, wie sie sich in der mütterlichen Natur abbildet.

e) Er ist das Spiegelbild eines mit dem opus alchymicum koinzidenten mystischen Erlebnisses des artifex.

f) Als dieses Erlebnis stellt er einerseits das Selbst, andererseits den Individuationsprozeß und, vermöge der Grenzenlosigkeit seiner Bestimmungen, auch das kollektive Unbewußte dar.[66]

Als Jung über Mercurius schrieb, huldigte er seinem rituellen Phallus, dem »unterirdischen und nicht zu erwähnenden Gott« aus dem frühen Traum, der ihn sein ganzes Leben beschäftigte. Die obige Zusammenfassung stellt auf ungewöhnliche Weise die Eigenschaften des psychoiden Phallus dar. Weshalb Phallus, wird vielleicht gefragt. Zum ersten wird Mercurius als Mann geschildert. Er wird selbst in seinem dualistischen Aspekt von männlich/weiblich als Mann aufgefaßt, auch wenn er als Frau erscheint, wie wir später sehen. Zum zweiten ist Mercurius närrisch – er kommt und geht, steht auf und fällt genauso unerklärlich wie der Phallus. Drittens verhüllt und versteckt sich Mercurius, so daß wir niemals richtig wissen, wo er ist. Er ist wie der Phallus ein Trickster. Er gibt sich schlaff, ist mit der Vorhaut verhüllt, versteckt sich zwischen den Beinen und tut so, als sei er nicht interessiert. Er spielt den Gentleman und bereitet die Verführung vor. Er umwirbt und erfindet alle möglichen Vorwände, um sein Opfer in eine günstige Lage zu manövrieren. »Darf ich dich zum Essen einladen?« – »Wie wär's mit einem Drink?« – »Möchtest du wohinfahren?« Ich habe eine Tochter. Ich höre die Telefongespräche mit ihren versteckten Anträgen. Ich habe auch einen Sohn. Die Anrufe, die ihn von Mädchen erreichen, sind anders. Sie fragen ihn danach, wie es ihm geht und was er macht. Sie versuchen vielleicht sogar, ihn zu beeinflussen, aber so wie der Phallus machen sie es nicht eben häufig.

Der Geist in Mercurius ist der männliche Instinkt, der Geist, der im männlichen Körper wie in einer Flasche verschlossen ist und sich durch den Phallus äußern will. Wenn Mercurius befreit wird, »ist er der eine spiritus vegetativus [belebende Geist] aller Kreatur«, wie Jung schrieb.[67] Das Weibliche wartet auf die Belebung seines Potentials, will nach Marion Woodman hingerissen werden.[68] Der Samen, der aus dem Phallus springt, läßt jenes Potential, das neue Leben, Wirklichkeit werden. Daher schützen Väter ihre jungen

Töchter, verzögern die Erfüllung und werden das immer tun. Die Väter kennen die jungen Männer.

Der Geist zeigt sich oder eben nicht. Der mit Geist erfüllte Phallus ist der Grund, warum halbwüchsige Jungen auf sich allein gestellt in der Öffentlichkeit verlegen sind, auch wenn sie in der Gruppe Begeisterung zeigen – wie die Jungen, die den Riesen von Cerne entdeckten. Die Jungen wissen nie, wann der Phallus erscheinen wird. Sie sind sich als Wesen, die eine Erektion haben können, nie sicher. Voller Selbstvertrauen sind sie nur, wenn es eine Bruderschaft gibt, die zu ihnen steht.

Als ich dieses Buch schrieb, hielt ich im Analytical Psychology Club in New York einen Vortrag darüber. Am Ende erhob sich Erlo Van Waveren, ein alter und erfahrener Analytiker, der inzwischen gestorben ist, aus seinem Sessel in der ersten Reihe und rief feurig: »Wo bleibt der Geist? Sie haben uns aus Ihrer Arbeit vorgelesen, aber es gibt keinen Phallus ohne Geist! Geist und Phallus sind eins!«

Ich war bestürzt über die öffentliche Herausforderung, wußte aber sofort, daß er recht hatte. Mein Vortrag war nicht lebendig gewesen, eine große Sünde wider den Phallus. Ich lachte und erklärte mich einverstanden mit ihm. Das Lachen brach den Bann einer dem solaren Logos verpflichteten Männlichkeit in seiner Über-Ich-Form (häufig als negativer Vaterkomplex bezeichnet). Der belebende Geist, der den Penis zum Phallus verwandelt, war überwältigt worden, brach sich jetzt aber Bahn.

Der Geist kommt zu einem Mann »gerufen und nicht gerufen«, wie Jung über seine Eingangspforte in Küsnacht meißeln ließ.[69] Sein Kommen ist immer autonom. Nicht gerufen steigt er völlig überraschend aus dem Unbewußten auf und verwandelt den Penis rasch zum Phallus, den Jungen in einen Mann, überrumpelt uns. Wird er gerufen, ist der Boden für ihn bereitet, wie in der Initiation zum Mann, die darauf abzielt, den Geist aus dem Unbewußten herauf zu locken und die Erektion herbeizuführen, damit es zur Besamung kommen kann. Wenn der Phallus erscheint, gerufen oder nicht gerufen, gibt er den Männern das Gefühl der Lebendigkeit, versetzt sie in Erstaunen über die Umwandlung in ihnen. Sie sind fasziniert, wenn sich die Kraft dort zeigt, wo Schlaffheit

Mercurius im »Ei des Philosophen« (dem alchemistischen Gefäß).
Er steht auf Sonne und Mond, Symbolen seiner männlich/weiblichen Natur.
(Mutus liber, 1702)

war. Der phallische Geist kommt keineswegs von der Mutter in ihrer Eigenschaft als Mutter, ungeachtet der Tatsache, daß er sich in der physischen Erektion manifestiert. Er ist zutiefst und archetypisch männlich.

Das närrische Talent des Mercurius, plötzlich aufzutauchen und zu verschwinden, der Vermittler zu sein, durch den der Geist sich in Materie umwandelt, setzt ihn dem Phallus gleich. Wenn dieser Faktor des Quecksilbrigen gehemmt ist, wie er das bei mir vor meinen Zuhörern war, wird ein Mann impotent: der merkurische Geist ist nicht da. Ich wurde vor den Zuhörern von der Angst ergriffen, die anwesenden älteren Analytiker, die ich für Vertreter der Männlichkeit des höheren Logos hielt, könnten mich auf einem mir wichtigen Gebiet negativ beurteilen. Das ist genau Freuds Kastration des Mannes unter Männern. Die von Neumann beschriebene Dynamik machte sich bemerkbar. Der urtümliche Phallus mit seiner nackten Kraft war bezwungen. Glücklicherweise schaltete sich eine entgegengesetzte männliche Dynamik ein. Meine Fähigkeit, wie Hermes vor Zeus zugeben zu können, daß der Vorwurf berechtigt war, daß Van Waveren in meinem Fall genau recht hatte, mein Lachen, das uns zu Verbündeten machte, und in dem der chthonische Trickster ein wenig zu spüren war, dazu die Veränderung, die durch diese Verbrüderung in meinem Kontakt zum Publikum hervorgerufen wurde, deuten auf ein rasches Wiedererscheinen des Mercurius hin, wenn der phallische Geist sich von unten herauswindet.

Der Geist Mercurius ist, wie Jung schrieb, ein Führer. Wenn er plötzlich aufspringt, verhalten wir uns auf ganz bestimmte Weise. Wenn er verschwindet, ist die Lust fort und kann nicht künstlich wiederhergestellt werden. Wenn der Geist aktiviert ist, ist sexuelles Interesse konstelliert. Ein nicht mehr aktivierter Geist bedeutet, daß die Zielstrebigkeit verschwunden ist. Die Erektion zeigt die Anwesenheit des Mercurius an. Die Anwesenheit oder Abwesenheit des Mercurius ist entscheidend, ob es nun um das Bett oder einen Vortrag geht. Äußerlich betrachtet könnten wir im Bett vom »unteren« Phallus sprechen, auf dem Podium vom »oberen«, doch über diese Unterscheidung hinaus geht es nur um die Anwesenheit oder Abwesenheit des Mercurius, wie Van Waveren betonte. Der Ausgangspunkt des Mercurius ist das psychoide Unbewußte, und von dorther fließt seine Energie in den chthonischen *und* den solaren Phallus als archetypische Muster, die eine gemeinsame Grundlage haben.

Über den Mercurius als Phallus können wir verstehen, was Jung meinte, als er Mercurius im Zitat oben den »Befruchter der arbor sapientiae« nannte. Der merkurische Phallus ist der Geist-Befruchter des Baumes. Zunächst bringt er den Baum zum Wachsen (Erektion), da ein unausgereifter Baum keine Früchte tragen kann, dann schafft er den Samen, der vom Phallus fließt, den *Logos spermatikos*, der wiederum die Frucht des Baumes der Philosophen, die Erkenntnis ermöglicht. Der Baum kann auch als mütterlich aufgefaßt werden, den dann der Phallus besamt, und die Frucht als das Kind der besamten Mutter. Jung spricht allerdings vom Baum der Philosophen, der eher ein Bild des Logos, des solaren männlichen Prinzips ist. Jungs Nebeneinanderstellung von Befruchter und Baum der Philosophen weist, was den Phallus angeht, auf die Nähe der sexuellen und geistigen Bilder hin. Der chthonische Phallus dringt in den solaren ein. Der chthonische Phallus bringt als Frucht seines Samen-Geistes die Erkenntnis hervor. Wir haben hier ein gutes Beispiel dafür, wie Jung auf Freuds Sexualtheorien aufbaute, um einen Prozeß zu erforschen, bei dem es sich seinen Bildern nach weiterhin um einen instinkthaften handelt, der jedoch viel umfassendere Folgerungen zuläßt.[70]

Den Baum der Philosophen als Phallus zeigt oben eine Illustration aus dem vierzehnten Jahrhundert aus der Bibliotheca Mediceo-Laurenziana in Florenz.[71] Sie stellt einen toten, nackten Mann auf dem Boden liegend dar, aus dessen Schoß ein großer, blühender Baum aufwächst. Die Brust des Mannes durchbohrt ein Pfeil. Jung spricht vom »Geschoß Merkurs« und davon, daß »Adam …die ›arbor philosophica‹ aus sich hervorwachsen« läßt.[72]

Wir sehen hier, wie unentwirrbar physischer (chthonischer) Phallus und philosophischer (solarer) Phallus miteinander verbunden sind, denn der eine kann nur in bezug auf den anderen dargestellt werden. Der Pfeil des Mercurius ist vielleicht ein Hinweis, daß wir uns für eine gewisse Zeit von den körperlichen Bedürfnissen entfernen müssen, wenn wir Arbeiten des Logos durchführen wollen – ein zustimmendes Nicken zu Neumann hinüber. Ich habe gegebenenfalls nichts gegen eine solche Verschiebung des Akzents. Die Ablehnung des chthonischen Phallus zugunsten des solaren stelle ich jedoch in Frage.

Dionysos

Walter F. Otto beschrieb den Gott Dionysos so:

Dionysos selbst, der das Leben zur Verzückung steigert, ist der leidende Gott. Die Entzückungen, die er bringt, entspringen der innersten Bewegtheit des Lebendigen. Wo aber diese Tiefen aufgerührt werden, da steigen mit den Wonnen und den Geburten auch die Schrecknisse und Zerstörungen empor.[73]

Aus der Sicht des umsichtigen und achtsamen Apollon ist Dionysos ein eigenartiger Gott. Dionysos ist leicht verrückt, impulsiv, nicht im Gleichgewicht. Apollon vertritt Neumanns solaren »oberen« Phallus: ihn kennzeichnet nicht die Ekstase, sondern Ordnung und Regelmäßigkeit. Ganz anders Dionysos. Seine wesenhafte Verbundenheit mit dem Weiblichen ist Ursache, daß er intensiv emotional reagiert und lieber fühlt als über Gefühle redet. Dionysisches Fühlen grenzt ein wenig an Hysterie. Apollinische Menschen können diese Maßlosigkeit nur schwer ertragen. Dionysischen Menschen entspricht sie, auch wenn es mühsam wird, immer wieder die Scherben zusammenzukehren. Neumann dachte offenbar apollinisch: der dionysische »untere« Phallus muß transzendiert (bzw. abgelehnt) werden.

Aischylos nannte Dionysos »den Weibischen«; bei Euripides hieß er »der frauenhafte Fremdling«. Gelegentlich wird er »mannweiblich« genannt.[74] In seinem erotischen Leben und im Kult ist Dionysos von einem Gefolge von Frauen umgeben, zu denen seine Gemahlin Ariadne, seine Mutter Semele, seine Gefährtin Aphrodite und die Nymphen und Mänaden als seine Begleiterinnen gehörten. Während der Rituale und Feste wurde er von Frauen verehrt, die sich vor den in den Prozessionen mitgeführten ithyphallischen Symbolen in wilde Erregung steigerten. Bei seinen Zeremonien wurden die Frauen von einer Raserei ergriffen, die dazu führen konnte, daß die eigenen Kinder zerrissen und verschlungen wurden. Die Männer in seinen Geschichten waren die Satyrn, Kentauren, Silenen, alle für ihre Lüsternheit bekannt. Die Nähe der Frauen, ihre urtümliche Ausgelassenheit, die Scharen unverschämter Männer und der trunkene Silen (sein Erzieher) veranschaulichen eine unterweltliche Atmosphäre, die typisch für Dionysos ist – eine Welt der unberührten Natur, die wie Walter F. Otto schrieb, »aus den Untiefen des Lebendigen stammt«[75]. Im Bild des Dionysos sind so das chthonische Männliche (Phallus) und das chthonische Weibliche (Schoß) verknüpft, die gemeinsam dem Irrationalen und Orgiastischen Ausdruck verleihen.

In der *Larousse Encyclopedia of Mythology* findet sich immerhin der Vermerk, daß Platon den alten, trunkenen Silen, der auf seinem

»Die Vermischung und Verschmelzung des Männlichen und Weiblichen... drückt sich im archetypischen Bild des Dionysos aus.«
(Späthellenistische Steinskulptur,
Britisches Museum, London)

Esel hin- und herschwankt, mit Sokrates vergleicht, was auf eine
Weisheit im dionysischen, bisexuellen Phallus aufmerksam macht,
die nicht sofort offensichtlich ist.[76] Bei all der Wildheit, den ekstatischen Frauen, den frechen, phallischen Männern, der Trunkenheit
seines närrischen Erziehers, könnten wir geneigt sein, Dionysos als
unsinnig abzutun. Dieses Urteil wird ihm nicht gerecht. Der Reli-
gionswissenschaftler Karl Kerényi schrieb, daß

der Trickster-Gott [wie Hermes oder Dionysos] der transpersonale Ursprung einer bestimmten Lebensart und Erfahrungsweise der Welt ist...
die die wissenschaftliche Weltsicht transzendiert... Dieser Aspekt ist ganz

und gar real und bleibt im Bereich natürlicher Erfahrung… Nur an diesem Punkt überschreiten wir die Grenze der Erfahrungen, die auf Sinneseindrükken beruhen, jedoch nicht die Grenze jener Erfahrungen, die zweifellos psychische Wirklichkeit besitzen.[77]

Die leicht verrückten Züge des Dionysos und seiner Gefolgschaft sind Teil der psychischen Wirklichkeit, und wir müssen ihnen Platz machen, ob die apollinischen Menschen sich nun über diese Koexistenz freuen oder nicht. Die Tatsache, daß Dionysos nicht nur den Phallus umfaßt, sondern auch stark weibliche Züge zeigt, ist ein Grund seines Leidens, auf das Otto verweist. Die Vermischung und Verschmelzung des Männlichen und Weiblichen im psychoiden Unbewußten drückt sich im archetypischen Bild des Dionysos aus.

Verglichen mit dem ordentlichen, sauberen Apollon fühlt sich der dionysische Mann verunsichert. Für einen Mann ist das Wissen schmerzhaft, daß seine Männlichkeit starke Elemente der Weiblichkeit enthält, für die nach den kollektiven Maßstäben der Männlichkeit scheinbar kein Platz ist. Er möchte dazugehören, schafft es aber irgendwie nie ganz. Er ist andererseits nicht ganz abgesondert. Der dionysische Mann sieht dicht vor sich etwas, was er für eine klare, phallische Identität hält. Er hat keine Probleme mit der sexuellen Identität, gibt nicht vor, zu dem einen Geschlecht zu gehören, obwohl er im Innern weiß, daß er eigentlich dem anderen angehört. Er weiß, daß er ein Mann ist und kennt das männliche Bedürfnis, das eine Frau stillen kann. Und doch fühlt er mit den Frauen auf eine Weise, die kein apollinischer Mann kennt. Er fürchtet, daß ihn das Weibliche, das ihm beigemischt ist, aus der Bruderschaft ausschließt. Sein Leiden überträgt sich auf die Frauen, die ihn lieben. Sie werden vielleicht, weil er sich nicht genau definieren kann, wie die Mänaden vom Wahnsinn ergriffen.

Dionysos als archetypisches Bild läßt einige Gründe ahnen, warum eine psychologisch hermaphroditische Identität einen Mann nicht unbedingt aus der Gesellschaft der Männer ausschließen muß. Erstens gibt es mehr dionysische Männer, als sich die American Legion und ganz allgemein die Moralapostel träumen lassen; viele sind zu finden, die den Wein ihres Gottes in Bars trinken, in denen sich die amerikanischen Geschäftsleute, Sportler, Politiker und Arbeiter treffen, die Krone der zeitgenössischen apollinischen Männerwelt. Zweitens neigen die Frauen dazu, dionysische Männer zu mögen, wie die Feste zu seinen Ehren zeigen. Vielleicht mögen die Frauen dionysische Männer heute mehr denn je, weil der Feminismus zunimmt, und viele Frauen zu einer neuen Wertschätzung der Weiblichkeit finden. Männer, die für Frauen anziehend sind, gehören zur Bruderschaft der Männer. Außerdem verändert sich die Bruderschaft selbst, weil die Männer ihre andere Seite kennen und achten lernen. Der dritte und wichtigste Punkt ist die Transgressivität, die in der männlichen Persönlichkeit hinter dem Faktor des Dionysischen steht. Die solare Männlichkeit, die sich im Patriarchat so gut mit dem Ich versteht, schätzt den pfeilgeraden, ordentlich definierten, sich linear weiterentwickelnden Phallus. Das psychoide Unbewußte legt jedoch Widerspruch ein, besteht auf Grenzüberschreitungen und Einbeziehung des Gegensätzlichen.

Die Integration des chthonischen Phallus (mit seinem Beigeschmack des Weiblichen) und des solaren ist die Aufgabe des Bewußtseins, ein Prozeß, der im Bild des Dionysischen angelegt ist. Wenn es in einem Mann zu ihr kommt, nähert er sich immer mehr dem *Unus mundus*, wo die Erfüllung das Spiegelbild des Leidens ist. Je mehr Dionysos in der Persönlichkeit eines Mannes angenommen ist, desto weniger verrückt wird das Bild.

Zeus und Ganymed

Dort, wo der See in Zürich beginnt, am Ende der Bahnhofstrasse, steht an der eindrucksvollsten Stelle der Stadt eine fünf Meter hohe Bronzefigur des Ganymed. Als ich 1972 in Zürich ankam, beachtete ich sie kaum. Wieder eine moderne Skulptur, und Zürich ist voll davon. Das C.G.Jung-Institut liegt fünfzehn Straßen von der Statue entfernt, den See entlang und dann in die Stadt hinein. Man konnte leicht vom Seende der Bahnhofstrasse zum Institut laufen, was ich häufig tat: über die Limmatbrücke, am Opernhaus und Kunsthaus

vorbei. Während ich dies schreibe, sehe ich fast jedes Geschäft, jede Kurve der Route vor mir. Von der Statue ist es nicht weit in den Stadtkern, in die Altstadt und in die modernen Teile. Die stattliche Figur des Ganymed steht in der Mitte dieses Kerns.

Was macht es schon, wenn man nicht weiß, wer Ganymed ist? Er steht dort, blickt über die Menschen hin, die zu den Schiffen gehen, von ihnen kommen – ein Jüngling von etwa fünfzehn Jahren, voller Energie und Leben, einen Arm zum Himmel erhoben, den anderen gesenkt und den Adler zu seinen Füßen berührend. Er sieht den Adler an, als handle es sich um seinen Lieblingshund.

Ein Jahr nach meiner Ankunft fand ich heraus, um wen es sich bei Ganymed handelte. Er war der Geliebte des Zeus. Nach *Larousse*

war Zeus entzückt, wollte ihn zu seinem Liebling machen und ließ ihn von einem Adler in die Höhe tragen… und auf den Olymp bringen. Es hieß auch, Zeus habe selbst die Gestalt eines Adlers angenommen, um den schönen Jungen fortzutragen.[78]

Ich war ziemlich überrascht. Im Zentrum der bürgerlichsten Stadt der westlichen Welt befand sich ein Junge, der gleich vom höchsten

112

Gott entführt werden würde, um in Ewigkeit sein sexueller Gespiele und der Mundschenk der Götter zu sein, ein Halbwüchsiger, »der alle Augen mit seiner Schönheit erfreute«.[79]

Wie das? Wir wissen, daß Zeus heftig von den Frauen angezogen wurde. Zu seinen Gemahlinnen gehörten Metis (die Weisheit, die er verschlang, bevor sie Athene gebar), Themis (das Gesetz, die Mutter der Jahreszeiten und der Gerechtigkeit), Mnemosyne (die Mutter der Musen), Euronyme (die Mutter der Grazien), und schließlich Hera, Göttin der Ehe und Mutterschaft, die offiziell teil an seiner Herrschaft hatte. In der Gestalt eines Stieres tat er Demeter Gewalt an, die darauf Persephone gebar. Darüber hinaus verfolgte er Titaninnen, Nymphen und auch sterbliche Frauen. Weshalb Ganymed?

Ein möglicher Hinweis findet sich im *Larousse*: Zeus war »der höchste Gott, der in sich alle Attribute des Göttlichen vereinigte«.[80] Zu all den Attributen des Göttlichen zählen wohl auch das Männliche wie Weibliche, auch Eigenschaften des Hermes und Dionysos, die beide der Schar der olympischen Götter angehören. Zeus war vielleicht in seiner Weiblichkeit fasziniert vom jungen, hübschen Ganymed. Zeus gab vielleicht in seinem hermetischen Aspekt dem Impuls nach, das zu stehlen, was Apollon gehörte. (Möglicherweise ist das eine Erklärung, wieso die apollinischen Stadtväter von Zürich die Skulptur in die Mitte der City stellten: aus dem unbewußten Bedürfnis heraus, sich mit dem Schattenaspekt ihrer Vorsicht auseinanderzusetzen.) Zeus fühlte vielleicht von seiner dionysischen Seite her gelegentlich das Bedürfnis, sich der Wildheit hinzugeben, in Berührung zu kommen mit dem Leiden des Gottes, der seine bisexuelle phallische Eigenart auslebt.

Das Verlangen des Zeus nach Ganymed läßt sich auf einer anderen Ebene auch als homosexueller Narzißmus beschreiben, als Eigenliebe, die den Mann der erotischen Verbindung mit der Frau entfremdet, weil er einen Partner braucht, der ihn spiegelt. Von den Göttern wissen wir, daß sie sich schmücken und selbst bewundern, daß sie von den Sterblichen bewundert werden wollen, was alles narzißtische Eigenschaften sind. Wenn wir einmal ganz vom Interesse absehen, das Zeus den Frauen entgegenbringt, entdecken wir eine andere Möglichkeit, die Jung schon in seiner Arbeit »Der Fisch in der Alchemie« andeutete. Jung zitierte den mittelalterlichen Alchemisten Arisleus: »Das winzige Fischlein, das aber bedeutsamerweise im Zentrum des weiten Meeres sich aufhält, hat trotz seiner Kleinheit die Kraft, große Schiffe festzuhalten.«[81]

Das Ich, das sich für groß und wichtig hält, ist weniger mächtig als das unsichtbare und scheinbar belanglose Selbst. Die Psyche ist etwas Paradoxes. Das Selbst ist natürlich nicht belanglos, ganz gleich, was das Ich darüber denkt. Im Fall von Zeus und Ganymed spielt Ganymed nach der Funktionsweise der Psyche die Rolle des Fischleins, Zeus das große Schiff. Und Ganymed hielt Zeus tatsächlich fest.

Jung zitierte noch einmal Arisleus, dann einen weiteren Alchemisten, Bernardus Trevisanus: »Die Natur wird nur in ihrer eigenen Natur verbessert.« »Unsere Materie kann also nicht anders als in ihrer eigenen [Materie] verbessert werden.«[82]

Die Vorstellung einer Verbesserung unserer Natur wird sichtbar. Sie wirft ein völlig neues Licht auf das Thema des Narzißmus in der Beziehung von Zeus und Ganymed. (Natürlich läßt sich darüber streiten, ob es einem Gott möglich ist, sich zu verbessern, doch die Frage ist schon in dem Paradox vom Fischlein und dem Schiff beantwortet.) Für Zeus kann es viele Möglichkeiten der Verbesserung geben. Zum Beispiel kann es um das Thema Alter und Jugend gehen. Die Männer hören zwar, daß das sich nähernde Alter mit seiner Weisheit vieles für sich hat, doch im allgemeinen verstehen sie unter Altern das Nachlassen von Energie und Kraft und beklagen es. Es geht um den Verlust des jugendlichen chthonischen Phallus. Ob ein Mann homo- oder heterosexuell ist, junge Männer wirken auf ihn anziehend, wenn sich diese Anziehung auch verschiedenartig äußern wird. In der Homosexualität ist die erotische Anziehung unwiderstehlich. Ob nun aber ein Mann als Großvater von seinem Enkel fasziniert ist, oder ein alternder Homosexueller nach einer jüngeren Version seiner selbst Ausschau hält, die archetypische Dynamik, daß die Jugend die Erfahrung des Alters vertieft, bleibt die gleiche. Der neue Phallus stellt sich zur Schau. Wie in der Homöopathie wird Ähnliches mit Ähnlichem geheilt, *similia similibus curantur*. Ein Mann braucht oft einen anderen Mann, der ihm unbeschadet seines erotischen Interesses an Frauen bei der Integration der Männlichkeit hilft. Hier wird eine Verbindung zum Phallus als Quelle des Lebens und der Libido, als männlichem Gottesbild, hergestellt, die vielleicht sogar das archetypische Bild eines Gottes brauchen könnte.

D.H. Lawrence stellt das Thema in seinem Roman *Liebende Frauen* sehr schön dar:

Gerald liebte Birkin im Grunde, wenn er auch nie ganz an ihn glaubte. Birkin war ihm zu wesenlos: geistreich, schrullig, zum Erstaunen, aber nicht praktisch genug. Gerald fühlte, daß er selbst viel festere und gediegenere Begriffe von der Welt hatte. Birkin war ein reizender Kerl, ein glänzender Kopf, aber man konnte ihn nicht ernst nehmen. Er war unter Männern nie recht Mann…

Völlig andere Dinge gingen Birkin durch den Kopf. Er sah sich plötzlich einem neuen Problem gegenüber – dem Problem der Liebe und unverbrüchlichen Verbindung zweier Männer. Natürlich war es eine Notwendigkeit – sein Leben lang war es ihm innerlich notwendig gewesen –, einen Mann rein und ganz zu lieben. Er hatte ja Gerald die ganze Zeit schon geliebt und es sich nur nie eingestehen wollen.[83]

Am Ende des Romans stirbt Gerald im Schnee der Schweizer Berge. Ursula, Birkins Frau fragt:

»Hast du Gerald nötig gehabt?… Bin ich dir nicht genug?«

»Nein«, sagte er. »Du bist mir genug, soweit ich der Frauen bedarf. Du bist mir der Inbegriff aller Frauen. Aber ich wollte auch einen Freund haben, der über alle Zeit mit mir verbunden wäre, wie du es bist… um es wirklich ganz zu machen, wirklich glücklich, wollte ich auch eine ewige Verbindung mit einem Mann: eine andere Art der Liebe.«…

»Du kannst nicht zwei Arten von Liebe haben… weil es verkehrt ist, eine Unmöglichkeit«, sagte sie. – »Das glaube ich nicht«, antwortete er.[84]

6 Die Schattenseite des Phallus

Der Schatten des chthonischen Phallus

Für eine Arbeit über den Phallus ist Jungs Konzept des Schattens von Bedeutung. Jung prägte den Begriff, um auf die Aspekte der Persönlichkeit hinzuweisen, die vor allem negativ sind, mit seinen Worten auf »die Summe der versteckten, unvorteilhaften Eigenschaften, der mangelhaft entwickelten Funktionen und der Inhalte des persönlichen Unbewußten«.[85] Diese Definition läßt sich auf unser persönliches oder subjektives Unbewußtes anwenden, weil die Schatteneigenschaften gewöhnlich verdrängt, versteckt, vergessen oder nie voll entwickelt werden. Jung bezeichnete den Schatten aber auch als eine archetypische Komponente der Psyche, als »den gefährlichen Aspekt der nicht anerkannten dunkeln Hälfte des Menschen«.[86] Was wir als böse wahrnehmen, weniger als persönliche böse Eigenschaft, sondern eher im Sinne eines Prinzips des Bösen, ist der archetypische Schatten.

Neumanns Konzept des doppelten Phallus verweist den chthonischen Phallus laut Definition in den Schattenbereich. Epsteins Skulptur St. Michael und der Teufel gibt dieser Haltung Ausdruck. Den chthonischen Phallus als solchen in den Schatten zu setzen, verdreht, wie ich gezeigt habe, in ernsthafter Weise die psychologische Wirklichkeit. Diese Verdrehung ist auf den Einfluß einer solaren patriarchalen Haltung zurückzuführen. Definitionen der Männlichkeit, die den chthonischen Phallus mit dem männlichen Schatten gleichsetzen, sind nicht länger haltbar.

Der chthonische Phallus hat freilich zweifellos einen dunklen Aspekt – zu dem es teilweise deshalb kommt, weil der Wert seiner Mitwirkung an der Entwicklung des Bewußtseins nicht erkannt wird, was seine Ablehnung zur Folge hat. Zum Teil liegt er auch in ihm selbst, weil archetypische Muster stets Dunkles und Bedrohliches enthalten. Wie schwer es auch sein mag, den Schatten ins Ich-Bewußtsein zu integrieren, Jungs grundlegende Aussage ist sehr einfach: es kann kein Licht geben ohne Schatten. Chthonischer und solarer Phallus machen als Konzepte nur Sinn, wenn wir sie auch als Gegensatz verstehen. Der Fehler liegt darin, den chthonischen Phallus nur als Schatten des solaren Phallus und nicht als seinen Gegensatz sehen zu wollen. Zum richtigen Verständnis des chthonischen Phallus gehört, daß wir ihn so wie den solaren Phallus sehen, daß er nämlich sowohl gute wie böse Faktoren enthält. Der chthonische Phallus ist sowohl ich-fremd wie ich-entsprechend. Wenn der physische Phallus nicht beides wäre, könnte er nicht das Instrument der Hierophanie sein, als das Eliade ihn sieht.

Der Schatten des chthonischen Phallus läßt sich in seiner Roheit, Brutalität und Unüberlegtheit erkennen. Er zeigt sich in seinem unersättlichen Verlangen und Besitzstreben, seinem ungemilderten Machtbedürfnis, seiner schier wahnsinnigen Getriebenheit, im Gemetzel der Kriege, im rücksichtslosen Wettkampf, den er verursacht. Das Leben ist voller Beispiele für sein stupides und verheerendes Verhalten, das an den »Menschenfresser« denken läßt, wie ihn die Mutter in Jungs Kindheitstraum nannte.

Ein besonders schlimmes Beispiel war das Thema eines Artikels in einem Magazin, mit dem Titel »The End of the Ride« (Das Ende der Fahrt). Er berichtete von Lawrence Singleton, einem einundfünfzigjährigen Mann, und Mary Vincent, einer Fünfzehnjährigen, die Singleton am 29. September 1978 auf einer Fahrt von San Francisco nach Los Angeles als Anhalterin mitnahm. Noch am ersten Tag nahm Singleton zwei weitere Männer in seinem Lieferwagen mit, und die drei betäubten und vergewaltigten Mary Vincent, übten Analverkehr aus. Später in der Nacht ließ man das Mädchen nackt und benommen in einem Cañon an der Küste liegen, zum Sterben, nachdem ihr beide Arme an den Ellbogen abgehackt worden waren. Mary Vincent überlebte die Nacht. Singleton ist im Gefängnis.

Erschreckend, wenn man liest, was Singleton in einem Interview des Magazins über sich selbst sagte. Er behauptete, Mary Vincent sei eine Prostituierte und habe ein Messer an sich genommen, das sich im Handschuhfach des Wagens befunden hatte. Sie habe ihn entmannen wollen, wenn er sie nicht dorthin brachte, wohin sie wollte. Er wird zitiert: »Ich habe alles getan, um zu überleben... Das Verbrechen hätte ohne ihre Mithilfe nicht geschehen können.«[87] Die Überwältigung von Mary Vincent rechtfertigte Singleton mit Selbsterhaltung. Er hat es vielleicht tatsächlich so gesehen. Wenn Singleton an einem besonders bösartigen Verschlingende-Mutter-Komplex litt, könnte er Mary Vincent – oder irgend jemand sonst – als Todfeindin erlebt und versucht haben, das Bedrohliche zu zerstören. Der Phallus ist offenbar zu solchen Greueln fähig, besonders wenn die – reale oder eingebildete – Drohung der Kastration hinzukommt, die von einer Frau oder einem Mann ausgehen kann. Der Phallus ist ein primitiver, eifersüchtiger Gott, der kein ernstes Infragestellen seiner Autorität hinnimmt. Es gibt wohl keinen Mann, der nie den Drang gespürt hat, diejenigen oder dasjenige zu vernichten, die das Zentrum seiner Identität bedrohten.

Den Schatten-Phallus im Zusammenhang mit dem männlichen Impuls des Selbstschutzes zu sehen und zu verstehen, bedeutet nicht, daß wir Singletons Verhalten gutheißen. Viel von dem, was in den Schattentiefen ruht, ist dort besser aufgehoben als in unserem äußeren Verhalten. Die Gewalt, die Singleton gegen Mary Vincent kehrte, ist durch nichts gerechtfertigt, weder durch irgendein Verhalten des Mädchens, noch durch die innere psychische Dynamik Singletons. In Singletons psychischem Zustand herrschte zweifellos die Dunkelheit vor. Und doch umfaßt die Dunkelheit mehr, als nur dieses Schattenverhalten. Die Unterwelt ist dunkel, der chthonische Phallus ist dunkel, aber nicht alles in der Unterwelt ist Schatten. Der chthonische Phallus ist das Mittel, mit dessen Hilfe sich der Mann in der Sexualität über die Ich-Begrenzung hinweg zur ekstatischen Verschmelzung mit der Welt der Archetypen bewegt. Er ist die numinose Quelle seines Mannseins. Er ist der stumme innere Gott, der ihn zum schöpferischen Handeln treibt, der hinter seiner Erektionskraft steht und die Explosion seines befruchtenden Samens ermöglicht. Der chthonische Phallus ist die verborgene Quelle der männlichen Kraft, dunkel weil er verborgen ist, fähig zu katastrophaler Wut, aber ebenso fähig zu zarter Liebe und äußerster Aufmerksamkeit, die seiner instinkthaften Natur, seinen Bedürfnissen entstammen. Was einem Mann in der Dunkelheit geschieht, zeigt deutlich, wie seine Fühlung mit dem Göttlichen beschaffen ist, wobei dieses Göttliche Licht oder Schatten oder eine Mischung aus beidem sein kann. Die Dunkelheit ist chthonisch. Die Dunkelheit selbst ist nicht böse. In der Dunkelheit ist der Funken zu Hause.

Der Dichter Robert Bly erfaßte die positive Bedeutung des chthonischen Phallus sehr gut in seinem Artikel »What Men Really Want« (Was Männer wirklich wollen):

Wenn ich mir mein Publikum ansehe, ist ungefähr die Hälfte der jungen Männer so, daß ich sie als weich bezeichnen würde. Wunderbare, wertvolle Menschen – die ich mag – die kein Interesse haben, die Erde schlecht zu behandeln, Kriege anzufangen oder für Konzerne zu arbeiten. Ihre ganze Stimmung und Lebensweise drückt aus, daß sie dem Leben gewogen sind. Und doch stimmt etwas nicht. Sie haben nicht gerade viel Energie. Sie erhalten zwar das Leben, geben aber nicht viel Leben.[88]

In New Mexico hielt er eine zehntägige Tagung mit vierzig jungen Männern ab:

Es geschah häufig, daß die jüngeren Männer zu reden anfingen und nach fünf Minuten in Tränen ausbrachen. Es war überraschend, wieviel Kummer und Angst in den jüngeren Männern steckte! Der Fluß war tief… Sie hatten gelernt, empfänglich zu sein, und das war nicht ausreichend für ihre Ehen. In jeder Beziehung muß von Zeit zu Zeit etwas Wildes geschehen: sowohl der Mann wie die Frau brauchen das.[89]

Im weiteren Verlauf des Artikels gibt Bly eine Interpretation von »Der Eisenhans«, eines Märchens der Brüder Grimm. Im großen Wald beim Schloß des Königs ist es nicht geheuer. Menschen verschwinden. Eines Tages zieht ein Jäger mit seinem Hund hinaus, um nachzusehen. Sie kommen an einen tiefen Pfuhl, ein nackter Arm streckt sich aus dem Wasser, packt den Hund und zieht ihn hinab. Der Jäger geht zurück, holt drei Männer, die den Pfuhl mit Eimern ausschöpfen. Auf dem Grund liegt ein wilder Mann, braun am Leib wie rostiges Eisen, die Haare hängen ihm über das Gesicht bis zu den Knien herab. Die Männer binden ihn und führen ihn fort in das Schloß, wo ihn der König in einen eisernen Käfig auf seinen

Hof setzen läßt. Der achtjährige Sohn des Königs spielt eines Tages in der Nähe des Käfigs. Sein goldener Ball fällt in den Käfig. Der wilde Mann will ihn nur zurückgeben, wenn der Prinz ihn aus dem Käfig läßt. Der wilde Mann weiß, daß der Schlüssel unter dem Kopfkissen der Königin liegt. König und Königin sind nicht da; der Knabe bringt den Schlüssel herbei und öffnet den Käfig. Als der Eisenhans hinwegeilen will, hat der Prinz Angst, daß seine Mutter zornig sein wird. Der wilde Mann kehrt um, hebt ihn auf, setzt ihn auf seine Schulter und geht mit ihm in den Wald hinein, wo der Prinz die Geheimnisse des Mannseins lernen wird.[90]

Das ist nicht das Ende des Märchens, aber Bly genügte es, um sein Argument anzubringen. Der Eisenhans ist der chthonische Phallus – wild, grob und ungestüm – genau das, was Blys weichen jungen Männern fehlt. Der chthonische Phallus hat in den Augen der Königin in der zivilisierten Welt nichts zu suchen. Er gehört außer Reichweite ihres netten Sohnes eingesperrt. Vom Jungen her gesehen ist jedoch die Fühlung mit dem Eisenhans ein wesentlicher Teil seiner männlichen Ganzheit – der goldene Ball, der in den Käfig des wilden Mannes fällt. Der ungezähmte chthonische Phallus, von Mutter-Häuslichkeit eingefangen, entspricht der von Freud gefürchteten Verweiblichung im Mann. Zugleich sah Freud im Es den unversöhnlichen Feind des Bewußtseins. Freud sah deutlicher als Neumann, wie wichtig der physische Penis/Phallus ist, konnte aber den Widerspruch nie lösen. Wie schon bemerkt, hätte er sich dazu in Jungs Richtung bewegen müssen, um Archetyp und Instinkt als die zwei Manifestationen derselben psychischen Energie sehen zu können.

Das Thema des chthonischen Phallus ist für die Männer wichtig, deren Leben eine stark geistige Komponente zeigt und/oder von einer dominanten solaren Männlichkeit geprägt ist. Was fangen sie mit dem schwitzenden, haarigen, tierischen Phallus an, für den der Eisenhans steht? Es ist nicht nur der Wunsch der Mutter, die ihren Sohn in ihrer Nähe halten will, damit er weiter in ihr Leben paßt, der dem chthonischen Phallus Schaden zufügt. Der Vater macht wie im Märchen mit. Der Vater, der die Kraft und rohe Energie des chthonischen Phallus verloren hat, würde sie auch dem Sohn vorenthalten. Praktisch gesehen könnte sich das in der Aufhebung der männlichen Autorität des Vaters äußern, die dann auf die Mutter übergeht. Wenn der Vater eine Rückkehr der phallischen Energie erlebt, verläßt er oft genug die häusliche Umgebung, um diese Energie auszuleben. In diesem Fall bleibt der Sohn zurück und muß sich ohne männliches Rollenmodell in der mütterlichen – und häufig feindseligen – Umgebung allein durchschlagen.

Die Gefahr für den Sohn liegt darin, daß er unbewußt die Wertstruktur der Mutter annimmt, die dem Eisenhans (oft unbewußt) feindlich gesinnt ist. Entweder bewegt sich der Sohn langsam in Richtung auf Freuds Verweiblichung zu oder strebt vorzeitig solare Lebensziele an, paßt sich einer männlichen Haltung an, der die Sexualität fehlt – oder er tut beides. Sein Geist wird ohne den heißen Atem des chthonischen Phallus spröd, sachlich und vernünftig, bleibt halbgar und kennt keine Inspiration. Wir haben dann den Dogmatismus vor uns, gegen den Rudolf Otto anging, als er das Numinose erforschte. Faszination und Staunen sind verschwunden, da beide unlöslich mit Aufstieg und Fall, Tod und Wiederauferstehung des chthonischen Phallus verbunden sind.

Die grundlegende Lösung des Problems des Schattens liegt in seiner Integration durch das Ich. Die Integrierung des Schattenaspekts der Persönlichkeit eines Mannes bedeutet, daß der Schatten nicht abgelehnt wird, wie fremdartig er sich verglichen mit dem Bild der Persona oder dem Gefühl, was sich für das Ich schickt, auch ausnehmen mag. Der Schatten kriecht durch einen Riß im Panzer des Ich herein. Er zeigt sich in verabscheuungswürdigen Traumbildern, die als Porträt der Schattenpersönlichkeit des Träumers verstanden werden müssen. Oft spricht der Körper, was im Zusammenhang mit der Sexualität besonders wichtig ist. Der Penis will sich nicht erheben oder mag nicht steif bleiben; vielleicht will der Samen nicht kommen. In Situationen, die in einem Bezug zum Schatten stehen, sind die Fälle noch bedeutsamer, wenn sich der Eisenhans mit voller Kraft regt und eine Besessenheit herbeiführt, die der Mann nicht kontrollieren kann, was er eigentlich auch gar nicht will. Ich habe einen Analysanden, der sich sorgt, er könne sich in sexuellen Situationen verlieren, seine behutsame und liebevolle phallische Eigenart könne verschwinden und er zu einer Sexmaschine werden, die die subjektive Wirklichkeit seiner Partnerin völlig vergißt. Er hält den Verlust der Ich-Beherrschung für gefährlich. Bei diesen Gelegenheiten nähert er sich jedoch der Hierophanie, von der Eliade schreibt – er ist in Fühlung mit dem Numinosen in ihm selbst. (Jeder Mann ist während der flüchtigsten Masturbation »in Kontakt« mit dem chthonischen Phallus.) Mein Analysand erlebt hier die rohe Kraft des chthonischen Phallus.

Meinen Analysanden überrascht, wie positiv seine Partnerin auf die innere Verwandlung reagiert. Oft ist sie selbst archetypisch ergriffen – ihr chthonisches *Yin* heißt sein chthonisches *Yang* willkommen. Der rohe Phallus kann diese Bereitschaft und noch mehr in den Partnern erzeugen, auch wenn er als Schatten manchmal überwältigt und zerstört. Das Verlangen nach Ekstase, das die Männer überall kennen, zeigt am deutlichsten, wie irrig Neumanns Herabsetzung des chthonischen Phallus ist. Die Männer sind immer auf der Suche nach ihm.

Das Thema des Schattens ist damit nicht abgeschlossen, vor allem, wenn wir an Vergewaltigung, stupide Getriebenheit und Greueltaten denken – das Singleton-Syndrom. Die Integration der Schattenseite ist unbedingt erforderlich, wenn die ganze Kraft des chthonischen Phallus in das Leben eines Mannes Eingang finden soll. Ein Mann muß sich auf die nackte Sexualität einlassen und ihre Grenzen prüfen. Sonst wird er sich ihr entziehen, sie streng verwerfen, um sie herumtanzen, von Schuld geplagt sein und alles mögliche versuchen, sie in solares phallisches Bewußtsein umzuformen, wodurch er seinen chthonischen Zugang zum Göttlichen verliert. Wer das tut, läuft Gefahr, zum Verfechter einer hohlen Männlichkeit zu werden, wobei der Schlüssel zur Erfahrung seiner Fülle unter dem Kopfkissen der Königin liegt – der König spielt freilich mit, beziehungsweise die »herrschende Dominante des kollektiven Unbewußten«, wie sich Jungianer gern ausdrücken.

Integration der Schattenseite des chthonischen Phallus heißt für einen Mann, dem Vergewaltiger in all seiner Häßlichkeit und Brutalität in sich zu begegnen und ihn anzunehmen. Ein Mann muß sich bewußt sein, daß der chthonische Phallus sowohl in die Verzückung wie zum Mord führen kann. Wie nah die beiden benachbart sind, wird ihm ernsthaft nur bewußt, wenn es zur Integration des Schattens kommt: zur geistigen und existentiellen Bewußtheit, daß das Böse in jedem Bereich seines Lebens zu finden ist, auch in der Sexualität als Hierophanie. Die Hierophanie kann immerhin eine Manifestation des Bösen im Göttlichen sein.

In der menschlichen Psyche gibt es keinen »guten« Faktor, der unter allen Umständen gut wäre; kein »böser« Faktor ist unter allen Umständen böse. Wir können mit Recht einen Mann kritisieren, der wild und unzivilisiert ist, und doch führt die Wildheit, das unzivilisierte Verhalten des chthonischen Phallus das männliche Bewußtsein zu einem Verständnis des Heiligen in den Tiefen. Zivilisiertes phallisches Verhalten verwirklicht dieses Schicksal niemals, wie sehr es auch als »gentlemanlike« geachtet sein mag. Es läßt nur einen Anflug davon erkennen. Der junge Prinz muß in den Wald, um einige Zeit beim Eisenhans zu leben. Ein Gentleman muß wissen, daß er auch ein wildes Tier ist, muß ein Gefühl für den richtigen Moment haben, in dem er zu diesem Tier werden kann – das ist die Integration der Schattenseite des chthonischen Phallus. Der Prinz muß natürlich aus dem Wald herauskommen, aber mit offenen Augen für die Dualität seines Wesens.

Bei dem oben erwähnten Analysanden handelt es sich um einen geistigen Sucher, der jahrelang von der Tatsache verwirrt wurde, daß er ein außergewöhnlich schwungvoller und fähiger Liebhaber ist, als ob das eine das andere ausschlösse. Er fühlt sich innerlich verpflichtet, eine Wahl zu treffen – ausgelassene Sexualität oder spiritueller Fortschritt. Es liegt nicht am chthonischen Phallus, daß er die Sexualität argwöhnisch betrachtet, sondern eher an den Begleiterscheinungen des Schattens – Macht, Befriedigung, Begierde, der Verlust der Ich-Grenzen im Aufblühen der Ekstase.

Die traditionelle christliche Lehre hat eine ähnliche Wirkung, weil sie sinnliche Lust und Spiritualität trennt. Dieser Mann ist zwar kein besonders eifriger Christ, wurde aber von einer Kirche erzogen und lebt in einer Kultur, die von allem, was der Widerspruch zwischen Sexualität und Geist mit sich bringt, durchdrungen sind. Das Problem wird durch sein Studium jungianischer Literatur kaum

Der Vergewaltiger, die Schattenseite des chthonischen Phallos.
(*Raub der Sabinerinnen*, Stich von Jan Muller, 16.Jh.)

gelöst, die oft genug die Notwendigkeit einer Wahl zu betonen
scheint. Sein Weg läge wahrscheinlich darin, sich einzugestehen,
daß er gewissen Schattenelementen seiner chthonischen Sexualität
nicht ausweichen kann, wobei er dann begreifen müßte, daß ihn
diese Elemente eigentlich näher an seine geistigen Ziele heranfüh-
ren könnten, als er zu denken wagt.
Es gibt Beispiele einer christlichen Spiritualität, die tatsächlich
Bilder des verzückenden, vergewaltigenden chthonischen Phallus
einsetzt, um das aktive Streben Gottes zur Menschheit hin zu schil-

dern. Der englische Geistliche und Dichter John Donne faßte in seinem »Holy Sonnet XIV« aus dem sechzehnten Jahrhundert die menschliche Seele als weiblich vor der phallischen Gottheit auf, deren Beute sie ist. Die Bilder, die an den Schatten erinnern, sind von mir hervorgehoben:

Zerschlag mein Herz, dreifaltiger Gott, denn du
Klopfst, hauchst, strahlst bis jetzt nur, suchst zu heilen.
Damit ich mich erheb und steh, *wirf nieder mich* und spann
Deine Kraft zu brechen, sprengen, brennen und erneuern mich.
Ich, wie eine usurpierte Stadt einem anderen verpflichtet,
Mühe mich, dich einzulassen, aber ach, kein Ende!
Vernunft, dein Vizekönig in mir, mich schützen müßt,
Aber ist gefangen, erweist sich als schwach oder falsch.
Doch innig lieb ich dich und würde gern geliebt,
Bin aber deinem Feinde anverlobt.
Trenne mich, knüpf auf oder *zerreiß den Knoten* wieder,
Nimm mich zu dir, sperr mich ein, denn ich,
Außer du unterjochst mich, werde nie frei sein,
Nie auch keusch, außer du *verzückst mich.*[91]

Verzücken heißt, auf andere einen solchen Eindruck machen, daß sie überwältigt und hingerissen sind, wobei der Vorgang zu einer Wandlung führt.[92] Aus dem Angriff in dunkler Nacht geht ein neues Wesen hervor, das nicht länger unschuldig oder an die Erwartungen der Kindheit, an mütterliche Pflege und ihren Trost gefesselt ist: kein höfliches Klopfen mehr, kein sanfter Hauch, kein beruhigendes Morgenlicht, kein angenehmes, einfaches Heilen. Wandlung und Wiedergeburt erfordern den Ansturm des chthonischen Phallus mit seinen Schattenseiten. Stoßen, Brechen, Zwingen, Nehmen gehören zum Vorgehen des Phallus, der seiner Natur treu ist. Das Paradox der Verzückung/Vergewaltigung, die zur Keuschheit führt, läßt daran denken, wie sehr Jung auf der Integration des Schattens bestand. Wir können nicht rein sein, wenn wir die Unreinheit nicht aus eigener Erfahrung kennen. Wenn wir das Böse nicht in uns selbst entdecken, werden wir nur zu einer naiven Art der Erleuchtung finden.

Das Verlangen nach einem Ansturm des Göttlichen ist nicht maso-
chistisch, es sei denn, man faßt jede Erfahrung, die das Ich bedroht,
als ihrem Wesen nach endgültig destruktiv auf. Religiös feinfühli-
gen Menschen liegt diese Auffassung fern. Von Masochismus können wir sprechen, wenn jemand Lust am Leiden hat, und nicht,
wenn notwendiges Leiden angenommen wird, damit psychologisches Wachstum und eine Entwicklung geschehen können. Von
daher gesehen hat die Ablehnung des Leidens mehr mit neurotischer
Ich-Abwehr, mit Stillstand und Angstzustand zu tun. Dieser
Angstzustand ist psychologisch gesehen ein künstliches Leiden, das
man sich zwanghaft auferlegt, und ist nicht mit der Bereitschaft zu
verwechseln, sich Schrecken auszusetzen, die für eine Geburt oder
Wiedergeburt notwendig sind. So können wir die Menschheit in
bezug auf die phallische Gottheit als archetypisch weiblich auffas-
sen – sie erwartet und braucht einen Verkehr, der zu einer Neuschöpfung führt.

Der Schatten des solaren Phallus

Wir könnten denken, der solare Phallus habe keine Schattendimen-
sion, so sehr haben wir uns daran gewöhnt, daß dem chthonischen
Phallus der Schatten der männlichen geistigen Erleuchtung auferlegt wird. In der *New York Times* stand kürzlich die Geschichte
eines College-Präsidenten aus Massachusetts, der unter Kollegen
und in seinem Wohnort hohes Ansehen genoß. Er wurde angeklagt,
zwei Studenten sexuell bedrängt und der Familie von einem der
beiden 10000 Dollar für ihr Stillschweigen angeboten zu haben.[93]
Was bei der Verhandlung vor Gericht auch herauskommen mag,
Karriere und vermutlich auch das Leben des College-Präsidenten
sind ruiniert. Die Schuld an dem Verderben wird ziemlich sicher
dem chthonischen Phallus mit seiner Unersättlichkeit und schänd-
lichen Mißachtung aller Grenzen zugeschoben. Neumanns »unterer« Phallus wird allgemein als die häßliche Schattenseite eines
Mannes aufgefaßt, wie wir ihn hier vor uns haben – »von allen

hochgelobt«, als »feiner Mann« geachtet, dem sein Verwaltungsrat »volles Vertrauen« schenkte, ein angesehener Erzieher, der das College rettete, als er ihm in einer Krisenzeit vorstand, Organist in der Kirche, Familienvater mit fünf Kindern, von denen zwei adoptiert sind, und so weiter. Dieser Mann hat gediegene solare männliche Eigenschaften.

Wichtig ist, daß wir verstehen, daß die Geschichte des College-Präsidenten kein Beispiel für den Schatten des solaren Phallus ist. Hier handelt es sich um einen chthonischen Phallus, der vielleicht deshalb böse geworden ist, weil der solare Phallus leicht die Tendenz hat, ihn schlecht zu machen. Die Geschichte zeigt, wie gefährlich diese Tendenz sein kann. Wenn ein Mann »aufrecht« ist (ironischerweise eine Bezeichnung für das solare Phallische) kann er, weil er sich an die Gebote des Patriarchats hält, rasch dem chthonischen Phallus gegenüber intolerant werden. Der chthonische Phallus wird so seiner Funktion nach zum Schatten des solaren, auch wenn er das psychologisch gesehen gar nicht ist.

Wie sieht dann der Schatten des solaren Phallus aus?

Das Solare, vom lateinischen Wort für Sonne abgeleitet, entspricht der Aufklärung und geistigen Erleuchtung, oder wie Neumann sagen würde, dem Ergebnis eines energischen männlichen Bemühens, sich aus dem dumpfigen, urtümlichen Elend der mütterlichen Natur emporzuziehen. Im alltäglichen Leben drückt sich das im Stolz aus, den ein Mann über seinen gesellschaftlichen Ruf empfindet, über seine Fähigkeit, in den Augen der Öffentlichkeit groß dazustehen, über das Erreichte, das er gern in seinem Nachruf hätte, über die wichtigen Dinge, die er auf Cocktailpartys beredet (bevor ihn der Alkohol in chthonische Phantasien regredieren läßt). Der solare Phallus ist die politische Partei, der ein Mann angehört, die Zeitungen, die er liest, die Studentenverbindungen, die er fördert, die Verträge, die er unterschreibt, oder noch grundlegender, sein Wort, das unbedingt Geltung hat. Der solare Phallus ist der Beruf eines Mannes, die Angemessenheit seiner finanziellen und moralischen Unterstützung seiner Frau und Nachkommenschaft. Der solare Phallus zeigt sich in der Weise, wie sich der Mann um sein Haus kümmert, wie er auf sein Ansehen achtet, wie er an seinem Auto herumbastelt und es pflegt. Der solare Phallus drückt sich in den Lebenszielen aus, die er seinen Kindern, vor allem den Jungen setzt. Er ist das, wie ein Mann spricht, worüber er spricht, wie er seinen Worten Taten folgen läßt.

Der solare Phallus ist eigentlich das Wort, der *Logos* (griechisch »Wort«), der in Jungs Denken das Wesen des Männlichen darstellt. Bei Jung ist für die Männlichkeit Logos das, was für die Weiblichkeit Eros ist. Während der Logos denkt, das Denken ins Wort umwandelt und dies als Leistung versteht, fühlt der Eros und wandelt das Gefühl in Bezogenheit um, was er ebenfalls als Leistung sieht. Für die solare Männlichkeit hat nur das einen entschiedenen Wert, dem Geltung verschafft, das *etabliert* werden kann. Alles Etablierte stellt in den Augen des Patriarchats einen Sieg des solaren über den chthonischen Phallus dar – ein Grund für die allgemeine Ansicht, daß der chthonische Phallus der Schatten des solaren sei.

Solare Männer lieben das Institutionalisierte. In ihm spiegelt sich ihr Narzißmus, ihre Stellung in der Welt. Man gebe einem Mann eine Institution und die Gewalt darüber, und er sieht sich in seiner Legitimität bestätigt. Frauen mit ihrem Reiz, selbst die eigenen Kinder, sind nur schmückendes Beiwerk, wenn der Mann im Bann der Institution steht, für ihn der Beweis, daß er ganz ist, auch wenn das vielleicht gar nicht stimmt.

Der Schattenaspekt des solaren Phallus bewirkt eine Trübung der Aufgabe als Vater. Ein Vater wird sich in diesem Fall eifrig bemühen, das Kind so aufzuziehen, daß es ihm zur Ehre gereicht, und gleichzeitig das Kind tyrannisieren, so daß es eigentlich nur so denken und fühlen kann, wie der Vater es geplant hat. Da der Vater die Grenzen des Möglichen festsetzt, bestimmt er ex cathedra, was richtig oder falsch ist, wie das Kind seinen Lebensunterhalt verdienen kann und wie nicht, wen das Kind heiraten darf und wen nicht. Mir ist ein Fall bekannt, in dem ein Patriarch sogar versuchte, darüber zu bestimmen, was die erwachsene Tochter eines Freundes essen soll. Bei einem öffentlichen Ereignis rief er laut: »Joanne, was ist los mit dir? Was soll das heißen, du ißt kein Fleisch? Bist du verrückt oder was?« Die Tochter des Freundes, eine selbständige Frau weit über Fünfzig, war sprachlos über die Beleidigung, wie das oft geschieht, wenn wir dem Schatten des solaren Männlichen begegnen.

Der solare phallische Schatten hat unbewußt das Ziel, dem widerspenstigen und ungezogenen Inferioren – im Männlichen oder Weiblichen – das Daseinsrecht abzusprechen, es zu kastrieren, ganz ähnlich, wie die Hexenmutter das tut. Beide halten sich für die Herrscher in ihrem Bereich, beide verhalten sich ähnlich. (Der Schaden, der dem Animus einer Frau zugefügt wird, ist genauso vernichtend wie der konkretere Schaden, den das männliche Gefühl der phallischen Kraft erleidet.) Ich erinnere mich, wie ich einmal in das Büro eines älteren Geistlichen in New York kam, dessen Gemeinde meiner Kirche St. Clement's in der ersten, schwierigen Zeit mit einer beträchtlichen Summe aushalf. Der Pfarrer saß mit einem Freund zusammen und plauderte. Als ich um die Ecke bog, begrüßte er mich mit einem breiten Lächeln: »Wie geht's, mein Junge?« Wenn es mir nichts ausgemacht hätte, das Geld aufs Spiel zu setzen, mit dem seine Gemeinde meine Mission unterstützte, hätte ich geantwortet: »Ganz gut, *mother-fucker*.« Ich hatte eine Riesenwut. Ich kann sie heute noch, nach zwanzig Jahren spüren. Trotz meines geringen psychoanalytischen Wissens wußte ich damals, daß er mich als seinen »Nigger« herabsetzen wollte. Für mich ist das Kastration unter Männern. Auch ohne Freud und Jung wußte ich genau, daß ich beleidigt worden war.

Diese gönnerhafte Haltung ist ein deutliches Zeichen des solaren phallischen Schattens. Der Gönner nimmt den Fahrersitz ein, hat sich den Ausweis dafür dadurch erworben, daß er sich demselben beleidigenden Verhalten unterwarf, mit dem er jetzt untergeordneten Menschen begegnet. Statt die Jüngeren oder Schwächeren zu ermutigen, überträgt er seine alten Erniedrigungen auf die anderen, tut genau das, was Jung unter Projektion verstand. Wenn die verletzbare Person die Beleidigung schluckt, wird sie belohnt. Familientherapeuten bezeichnen diese Dynamik als ein negatives interaktionales System, das sie mit Hilfe einer direkten Konfrontation innerhalb der versammelten Familie behandeln. Diese Intervention tut zwar in einer Familie ihre Wirkung, aber was sollen wir mit einem leitenden Beamten oder gar dem Präsidenten der Vereinigten

Staaten tun, der nach der Art und Weise des solaren phallischen Schattens handelt? Leider zeigen die archetypischen Vorbilder die gleiche Inflation in ihrem Handeln, wie die unzähligen Menschen, die in allen nur erdenklichen Interaktionen solare männliche Muster in Szene setzen.

Der solare Phallus weiß, daß er recht hat, und hat das durch seine Leistungen in den Institutionen bewiesen. Er wird deshalb in Beziehung zum Licht gesetzt, das über dem Horizont der Dunkelheit und dem Reich des Unbewußten aufgegangen ist. Im Licht kann man sich nicht in den Schatten der Unwissenheit verlieren, man ist bereit, der Ehre zuliebe in den sauren Apfel der Mühsal zu beißen. Ein solarer Mann läßt nur Fakten gelten. Die Betonung des Faktischen und die technische Effektivität, die aus dem Empirismus folgt, schafft im solaren männlichen Bewußtsein die Illusion der Stärke und Solidarität, die unangreifbar scheint, weil sie auf der Grundlage rationaler Ordnung steht. Gefühle haben da nichts zu suchen. Weibliche Bezogenheit wird auf die hinteren Sitze im Bus geschickt. Bezogenheit ist ganz nett auf nachbarschaftlichen Partys oder Hochzeiten mit den richtigen Leuten, für Weihnachtskarten, bei der würdigen Einrichtung des Hauses, und gelegentlich auch in brüderlichen Gruppen, wenn man nach einer Nacht, die man sich um die Ohren geschlagen hat, gemeinsam in die Sauna des Fitness-Centers geht.

Der solare Gönner möchte die Macht haben, die Richtung anzugeben, eine archetypisch phallische Haltung. Sowohl den chthonischen wie den solaren phallischen Schatten reizt die Eroberung, und das Objekt kann der Körper oder der Geist sein. Wo der chthonische phallische Schatten mit Körperkraft überwinden will, versucht der solare phallische Schatten im Namen der »Wahrheit« jeden Geist, jede Intelligenz, die für seinen Vorstoß empfänglich ist, zu unterwerfen. Was wie die Freigebigkeit eines Gönners aussieht, ist mit einer Reihe verborgener Fesseln versehen, die den Empfänger an den Wohltäter binden und die Selbständigkeit verhindern. Der solare phallische Schatten beklagt sich immer über die Undankbarkeit der anderen. Der große Plan ging schief; die Empfänger der Großzügigkeit sind nicht in Ordnung und müssen bestraft werden. So mancher Ehemann und Vater hat als Wohltäter seiner Frau und Kinder große Opfer gebracht und stellt sich dann gegen sie, wenn er spürt, daß sie seine Anweisungen nicht befolgen und ihm als Führer Schande machen. Wie können sie es wagen! Es zeigt sich, daß er in seinem privaten oder beruflichen Leben nur an einer Machtstellung interessiert war, um alle, die von ihm abhängig sind, kontrollieren zu können. Er hat die Pflicht und das Recht, zu herrschen. Es geht ihm in erster Linie gar nicht um die Menschen in seiner Familie oder Firma, sondern um die Macht, die sich hinter seiner Autorität, seinem treuen Festhalten an der Institution verbirgt.

Der solare phallische Schatten ist die brutale Seite der apollinischen Ordnung und Korrektheit. Die Herrschaft des Logos kann zu einem Ausmaß an Zerstörung führen, neben dem alles verblaßt, was der chthonische phallische Schatten verursacht. Die höchste Leistung des männlichen solaren Bewußtseins – Geistigkeit, intellektuelle und institutionelle Führung – kann alles tyrannisieren, was für im Irrtum befindlich angesehen wird, was das »Maß« nicht erfüllt (eine versteckte Anspielung auf das Interesse, das Männer an der Größe des Phallus haben). Die Tyrannei ist vor allem deshalb so zerstörerisch, weil die solaren männlichen Eigenschaften im Mittelpunkt der kulturellen Bewunderung stehen, während hinter ihnen die Schatteneigenschaften schwären. Ein klassisches Beispiel für den kollektiven solaren phallischen Schatten finden wir im amerikanischen Bürgerkrieg von 1861-1865, in dem Hunderttausende junger Männer in der idyllischen Landschaft einer neuen Nation abgeschlachtet wurden, und zwar um die Prinzipien der Union einerseits und die Rechte eines Staatswesens andererseits zu verteidigen. Ideologische Prinzipien sind der solaren Männlichkeit angeboren. Sie klingen nach Wahrheit, aber die Schattenseite der Rechtschaffenheit und Reinheit sind Metzelei und Tod.

Die solare patriarchale Übermacht ist neuerdings unter Beschuß geraten. Feminismus, Friedensbewegung, Schwulenbewegung, Umweltbewußtsein, Freiheitsbewegungen, selbst der Tierschutz bedrohen alle auf ihre Weise die Vorherrschaft des großen phallischen Sonnengottes. Es ist Zeitvergeudung, wenn die Männer ihre

»Männer, die sich auf ein ernsthaftes Nachdenken über das Pompöse und die Inflation der patriarchalen Anmaßung, die auf Vorherrschaft besteht, nicht einlassen wollen, sind psychologisch gesehen priapisch.« – S.134 (Priapus wiegt sich selbst. Haus der Vettii, Pompeji, 1.Jh. n.Chr.)

phallische Macht völlig undifferenziert verteidigen, als wäre jede Kritik an den Errungenschaften des Patriarchats buchstäblich die Kastration, die um jeden Preis abgewehrt werden muß. Jung wies schon vor langer Zeit darauf hin, daß eine psychologische Einseitigkeit zu ernsten geistigen und/oder körperlichen Krankheiten führen kann – oder schlimmer, daß sie andere mit der Krankheit ansteckt, die man für sich selbst vermeidet. Wenn Männer dem negativen chthonischen oder solaren Aspekt des Phallus ausweichen, zeigen sie nur, wie unwissend und feig sie sind. Das hat nichts mit der Weisheit und dem Mut zu tun, die sich mit der Integration des Schattens einstellen. Wenn wir die Schwäche eingestehen, werden wir paradoxerweise stark.

Ein Funken Bescheidenheit tut der Wirksamkeit des Phallus keinen Abbruch. Es gibt die höchst bizarre und jämmerliche Figur des Priapus, des römischen Gottes, dessen gewaltige Erektion sich nicht legen will. Männer, die sich auf ein ernsthaftes Nachdenken über das Pompöse und die Inflation der patriarchalen Anmaßung, die auf Vorherrschaft besteht, nicht einlassen wollen, sind psychologisch gesehen priapisch. Ihre prahlerischen psychischen Erektionen, die nie nachlassen, geben sie dem Gelächter preis. Auf der globalen Ebene ist aus der Belustigung längst eine tödlich schwarze Komödie geworden. Die Staaten stellen einen nuklearen Phallus nach dem anderen her, zielen damit aufeinander, fordern sich in Knabenspielen heraus – vergleichen, wer am weitesten spritzen kann. So sieht die tödliche Gefahr des Schattens der rechtschaffenen solaren Männlichkeit aus.

Ein letztes Wort über die männliche Differenzierung und die Anima. Jung schrieb, daß im Unbewußten des Mannes hinter dem Schatten die Figur der Anima steht, sein weibliches, gegengeschlechtliches Seelenbild, und hinter der Anima die archetypische Figur des Alten Weisen, ein Bild der authentischen solaren Verfeinerung des Männlichen. Um Reifung im jungianischen Sinn zu erreichen, muß ein Mann zunächst seinen Schatten durcharbeiten – die negativ/bösen Aspekte des chthonischen und solaren Phallus. Dann muß er sich mit seiner inneren Weiblichkeit und ihren Anforderungen an die Bezogenheit beschäftigen. Hinter diesen beiden riesigen psychologischen Aufgaben ist die Möglichkeit der Weisheit, der Erkenntnis, der geistigen Größe verborgen, die nur mit dem Alter und nach langer Selbstreflexion kommen. Die Weisheit wird sich in einem Mann nicht ohne diese beiden wichtigsten Konfrontationen mit dem Unbewußten einstellen, die beide seine Ich-Festigkeit besonders stark in Frage stellen. Die Schwierigkeiten dieser, wie Jung es nennt, »Auseinandersetzung« mit dem Schatten und der Anima sind nicht zu unterschätzen. Ein Mann hat oft das Gefühl, daß diese Nachtmeerfahrt sein Ende ist, daß sein Ich, die Persönlichkeit, die er kennt, nicht überleben werden. Einer der größten Schrecken ist die Einsamkeit in diesem Konflikt. Kaum jemand kann helfen, manchmal nicht einmal der Analytiker. Das Gespenst des Bösen und der Weiblichkeit als persönliche Eigenschaften kann den stärksten Mann zugrunde richten. Mitten im Chaos, auf dem Trümmerfeld des Lebens, kann es so aussehen, als wäre es das Beste, sich nicht beirren zu lassen, weiterhin aufrecht phallisch und unverzagt zu bleiben. Jung nennt das »die regressive Wiederherstellung der Persona«, die im wesentlichen ein Ausweichen, ein tödlicher Irrtum ist.[94] Weisheit ist nur möglich, wenn der »aufgeblasene« phallische Stolz in seiner Inflation einen Schlag versetzt bekommt. Sonst baut man weiter Bomben, je größer, desto besser.

7 Ungewöhnliche Aspekte des Phallus

Zwei Träume von Männern

Ein jungianischer Psychoanalytiker kann sich mit der Psyche nur befassen, wenn er auch die Träume miteinbezieht, die täglich zu den Menschen kommen, wenn auch im Schutz der Dunkelheit. Die Dunkelheit läßt eine andere Welt ahnen, und die Träume sind so eine unschätzbare Quelle der Information über das Leben, die während der wachen Stunden undeutlich wird, wenn das Ich mit seiner Abwehr das Steuer fester in der Hand hat. Ohne die Träume kann analytisch gar nicht gearbeitet werden, denn sie lassen eine »dritte Stimme« erklingen, die zwischen Analytiker und Analysand vermittelt und beide korrigiert.

In Träumen werden die Reste aus dem gegenwärtigen Leben der Träumer wieder verarbeitet. Sie sind außerdem Besuche, die in die Gegenwart des Allerältesten, der Archetypen und des psychoiden Unbewußten führen. Sie sind für alle Menschen heute wichtig, die das Leben in seiner Ganzheit ernst nehmen wollen. Die Wechselbeziehung von Altem und Neuem innerhalb der Struktur und Geschichte des Traumes macht die Durchschnittsmenschen mit der transgressiven Eigenschaft des psychoiden Unbewußten vertraut.

Die beiden Träume, die ich hier anführe, sind nicht so deutlich archetypisch, zeigen das psychoide Unbewußte nicht so klar, wie Jungs Traum oder meiner, die oben geschildert wurden. Die Träume in diesem Kapitel bringen Material, das eher in Zwischenschichten liegt und mit dem Leben der Träumer verknüpft ist. Unter der Oberfläche werden allerdings phallische Gottesbilder sichtbar, auf die ich eingehen werde. Zusammenhänge mit dem persönlichen Leben des Träumers erleichtern ein Übergreifen ins persönliche

Bewußtsein und die Erkenntnis, daß das Archetypische in einem Sachverhalt präsent ist, der sonst nur als banales, alltägliches Einerlei erlebt würde. In der analytischen Behandlung werden Träume eingehender untersucht als es hier möglich ist. Ich werde mich hier bewußt nur auf eine Betrachtung des Phallischen und wie es sich zeigt beschränken.

Der erste Traum

Eine Art merkwürdige Mischung aus Heldenverehrung, meinem Lieblingsinstrument und transsexueller Persönlichkeiten.

Es beginnt mit einer Begegnung in einem alten Haus, das Beethoven gehört, der sich wie ein kleines, kindisches Balg aufführt. Er sieht wie einundzwanzig aus, hat Übergewicht, fransige Haare und wirkt sehr unverschämt. Ich stelle ihn mir so vor, weil ich die Rolle des Mozart in *Amadeus* gesehen habe, auf der Bühne und im Film. Das Seltsame ist aber, daß ich schwören könnte, die Rolle sei das letzte Mal, als ich ihn sah, von einer jungen Frau gespielt worden. Er ist mein Held, weil ich einmal sogar ein ganzes Drehbuch über Beethoven geschrieben habe, aber er ist jungenhaft, langhaarig und war einmal eine Frau! Als nächstes sitze ich am Klavier und spiele ein paar Manuskriptblätter eines Mannes, der in der Nähe sitzt. Dieser Komponist ist ein Zeitgenosse… sieht typisch nach Westside aus, ungefähr dreißig, dunkle Haare und gutaussehend. Aber er ist zu drängend und gemein was die Art angeht, wie ich seine Musik spielen soll. Also, die Noten sind eigentlich gar nicht da oder nur schwer zu entziffern. Er ist echt ein Arschloch und schikaniert mich mit seiner Musik.

Eine Pause. Dann bin ich an einem Tisch, blättere wieder in Noten. Und dieser Mann (der Komponist) kommt her und wirft seinen *Schwanz* auf den Tisch vor mir, nicht bloß den Schaft und die Eier, sondern auch die *Wurzel* des Schwanzes, wie ein kleiner Baumstumpf! Ich bin natürlich überrascht, weil das bedeutet, daß er ein Transsexueller ist (wie dieser Beethoven-Schauspieler), und er hat tatsächlich dort, wo der Schwanz war, einfach nur ein Loch oder eine Vagina.

Das zentrale Bild des Traumes sind die abnehmbaren männlichen Genitalien des gehässigen Komponisten, dessen Musik nicht aufgeführt werden kann, weil gar keine Noten vorhanden sind. Die Genitalien werden verächtlich auf den Tisch geworfen. Der Traum weist insgesamt einen deutlichen Beigeschmack des Dionysischen auf – einer Männlichkeit, die von einer Weiblichkeit durchdrungen ist, die ganz dicht unter der Oberfläche liegt – was der Träumer auch in seinem Anfangskommentar mit dem Hinweis auf die transsexuellen Persönlichkeiten einräumt. Der Trickster ist mit seiner ganzen Kraft gegenwärtig, wirft höhnisch Schwanz, Eier und die Wurzel auf den Tisch. Die männlichen Teile sind wie eine Clownsnase und können nach Lust und Laune abgenommen und gegen einen Widersacher verwendet werden. Das ist haargenau der Trickster, mit seiner zum Wahnsinn treibenden Fähigkeit, mit seiner Sexualität zu spielen.

Wir haben es hier mit dem Auftritt des Mercurius in seiner Rolle als Trickster zu tun, der tatsächlich in das Traumleben eines heutigen Mannes als Teil von dessen unbewußter Persönlichkeit eingeht. Mercurius, der Komponist, wird in dem Traum so beschrieben, daß man meinen könnte, irgend jemand gäbe eine Beschreibung des Träumers. Der Träumer spiegelt so den Gott. Der Gott erscheint dem Träumer verkleidet, als ein Bild aus dem persönlichen Mythos des Träumers.

Der Trickster »sieht typisch nach Westside aus« – und der typische Mann von dort läßt den Träumer an so etwas wie einen Trickster denken. Dieses »typisch Westside« stellt keine objektive Definition des Tricksters dar. In einer anderen Stadt wäre er »typisch Southside«, wieder woanders eben typisch für den Osten. Die Hauptsache ist, daß der Trickster trickst, und wen der Träumer für trickreich hält, der liefert das Bild dafür, mit dessen Hilfe der Trickster seine Anwesenheit zu erkennen gibt.

Der Grund, warum der Trickster trickst, liegt darin, daß sich das Ich für viel zu schlau hält. Dabei ist das Ich eigentlich ziemlich dumm. Da das Ich in einem Zusammenhang mit dem Selbst steht, erlaubt es sich, Eigenschaften des Selbst anzunehmen und für eigene zu halten. (Ich-Psychologen können bei diesem Thema ziemlich den Boden unter den Füßen verlieren und das Ich ermutigen, sich zu nehmen, was es kriegen kann, und alles wegen eines sogenannten guten »Ich-Bildes«.) Das Unbewußte erhebt Einspruch. Es sagt, was wirklich los ist. »Du meinst, du bist fest mit deiner Männlichkeit verbunden, fest genug, um andere beurteilen zu können – und zwar als vorlaut, gehässig, unverschämt? Sieh dir das an! Sieh einmal, wie leicht dein Schwanz und deine Eier abgehen! Sieh dir das Loch hinter deiner überheblichen Haltung an.«

Der Trickster ist das Unbewußte, das die Urteile des Ich bewertet. Er sticht Löcher in die Inflation des Ich. Mit dem Bild des Schwanzes teilt der Trickster dem Träumer mit, die Irrationalität in sich hereinzunehmen und nicht bloß mit ihr zu spielen wie mit etwas Unwichtigem. Der Träumer hat tatsächlich etwas Dionysisches, um das er aber aus Rücksicht auf die gesellschaftlichen Anstandsregeln einen Bogen macht. Als ein Mensch, der anständig erzogen wurde und gute Schulen besuchte, läßt er sich heimlich auf Späße ein, als Witz, als Verhöhnung der Konvention. Bei einer Gelegenheit liebte er seine Freundin auf einer Feuertreppe, dreißig Stockwerke hoch über der Straße an einem Gebäude, das er aus einer Laune heraus betreten hatte. Der Streich war dionysisch, beweist aber nicht, daß er den Gott bewußt in sein Leben einbeziehen will. Ähnliche Episoden im Leben des Träumers legen nahe, daß er auf oberflächliche Weise das ausagiert, was der solare Phallus ablehnt. Er weicht dem quälenden, inneren Kampf des Gottes aus, bei dem es um Männlichkeit und Weiblichkeit geht. Der Traum lenkt die Aufmerksamkeit auf die Weigerung des Träumers, sich ernsthaft zu seinen dionysischen Eigenschaften zu bekennen. Dieses Ausweichen stellt sich so dar, daß er sie dem jungen Beethoven oder dem gehässigen Komponisten zuschreibt.

Wir sahen schon bei unserer kurzen Betrachtung des Dionysos, daß die Koexistenz von männlich und weiblich in einem Mann eine Weisheit mit sich bringt. Wer in der solaren Männlichkeit des Logos geschult ist, kann diese nicht so leicht für sich annehmen, da die Rollenmodelle des Patriarchats kaum Platz für sie lassen. Die demütigende Konfrontation mit dem Trickster, der die untergetauchte dionysische Seite des Träumers, sein inneres Geheimnis enthüllt, deutet auf die Notwendigkeit, sich ohne Rücksicht auf Erwartungen von außen ernsthaft zu seinem Mythos zu bekennen. Das ist der Weg der Individuation. Hier besteht die Möglichkeit, daß Mercurius als handelnde Person im Traum Botschaften zwischen Mensch und Göttern vermittelt. Mercurius vermittelt dem Träumer, daß er zu Dionysos gehört, und teilt sozusagen Dionysos mit, daß der Träumer dem Gott als einem inneren Daimon bewußt nachfolgen möchte.

Wenn Jungianer davon sprechen, daß ein Gott in einem Traum erscheint, denken sie an eine Manifestation wie die eben geschilderte. Mercurius oder Dionysos erscheinen nicht unbedingt so, wie wir es erwarten würden, genauso wenig wie Christus in Träumen notwendigerweise buchstäblich als Jesus auftreten muß. Die Anwesenheit des Gottes wird aus dem Muster des Traumes deutlich. Wir müssen das Muster kennen, um sein Bild zum Beispiel hinter der Maske des gehässigen Komponisten zu entdecken. Das Unbewußte ist dadurch nicht eingeschränkt, daß die modernen Menschen die Verbindung zu einer Weisheit im Volk verloren haben, die unseren Vorfahren das Wissen um die Muster vermittelte. Es gibt uns in der Inszenierung, im Bühnenbild, in den Personen der Handlung Hinweise darauf, wie es wirklich um unser Ich bestellt ist. Hier sind die Assoziationen des Träumers, wie zum Beispiel die, daß der Trickster »typisch nach Westside aussieht«, von Wichtigkeit. Für einen modernen Träumer ist es freilich ohne Hilfe nicht so einfach, in seinen Assoziationen den Dionysos zu erkennen. Er wird allerdings verstehen, wie wichtig die Identifizierung mit dem phallischen Gott für sein Selbstverständnis sein kann. Die Aufgabe besteht so oder so darin, daß das Ich versteht, worum es geht.

Der zweite Traum

Da ist eine riesige Kirche, wie ein Landsitz. Draußen auf dem Gelände soll eine Messe gelesen werden. Gene [Eugene Monick] wird der Priester sein. Auf dem Rasen stehen ein Altar und eine Menge Bänke. Ich setze mich auf eine der hinteren Bänke. Die ganze Messe hört sich sehr freisinnig an, und ich denke mir, das liegt daran, daß es eine anglikanische Messe ist.
Wir beginnen mit einem langen Kirchenlied. Mir fällt es schwer zu singen, und so bewege ich nur die Lippen. Gene verläßt den Altar, läuft um die Bänke herum und geht. Als das Lied beendet ist, kehrt er gleich zurück.
Ein paar Leute kommen vorbei, und ich muß ihnen Platz machen. Ich bemerke, daß ich einen Hut trage. Ich glaube, die Leute werden denken, ich sei Jude. Ich nehme ihn ab, weil es sich nicht schickt, während der Messe einen Hut aufzuhaben.

Die Szene wechselt. Ich befinde mich in einem Haus. Ich bin mit vier oder fünf Leuten in einem Zimmer. Sie sind anscheinend älter. Ich habe das Gefühl, dringend masturbieren zu müssen, weil ich unter einer großen sexuellen Spannung stehe. Ich versuche zu entkommen, halte es aber für zu riskant. Am Ende schaue ich in Schubladen, um mir Sachen zum Anziehen auszusuchen.

Ich will hier besonders auf die »große sexuelle Spannung« eingehen, die sich im Träumer während der Vorbereitung zur Messe aufgebaut hat, die ich als Priester halten soll. Im Unbewußten des Träumers wird eine Beziehung zwischen seiner Analyse und dem Ritual der Messe hergestellt. Der Träumer ist römisch-katholisch und mit den Lehren seiner Kirche gut vertraut. Er praktiziert seine Religion weiter, vor allem in Krisenzeiten. Ich bin Anglikaner.
Jung schrieb ausführlich über die Messe als Ritual der psychologischen Wandlung.[95] Das Gefühl der sexuellen Spannung ist ein erstes Zeichen für den Mann, daß der Phallus nicht weit ist, daß sich der schlaffe Penis in das aufgerichtete Glied verwandeln wird. Der Gott taucht am Horizont auf. Daß es bei einer Feier der Messe zu diesem Gefühl kommt, ist nicht weiter verwunderlich, wenn wir bedenken, daß die Messe ein Mittel ist, die Verbindung mit der transgressiven Dynamik im psychoiden Unbewußten herzustellen. In einer kollektiven Ausdrucksweise – der Messe, die für die geheimnisvolle Vereinigung der Gegensätze im *Unus mundus* steht – werden die autonomen Regungen des Phallus spürbar. Der Phallus beginnt aus seinem Schlummer zu erwachen, so wie sich im Tantra die Schlangenkraft, die Kundalini, die im Innern um einen *Lingam* geringelt ist, aus dem Schlaf erhebt.[96]
Die religiösen Praktiken des Tantra kreisen um eine Erfahrung der Beziehung zwischen Sexualität und Göttlichem.[97] Die Tantrikas treffen als Liebhaber zusammen, vereinigen ihre Körper, bis es fast zum Geschlechtsakt kommt, und halten inne, denn dort an der Schwelle der Vereinigung öffnet sich die Pforte zum größten aller Mysterien. Das Heilige offenbart sich. Die Tantrikas nehmen dann Abstand von jeder sexuellen Aktivität, um eine Dimension des Heiligen zu bewundern, zu verehren, in sie einzutreten, die durch die sexuelle Energie der Partner manifest wurde. Tantra ist eine

äußerst disziplinierte, körperlich-geistige, religiöse Übung, die ohne Wissen und Vorbereitung unzugänglich bleibt. Und doch kennen alle Liebenden einen Teil der Wahrheit, die im Tantra gefunden wird. Liebende sind aber kaum bereit, sich wie die Tantrikas auf dergleichen einzulassen, innezuhalten und das meditativ zu verehren, was sich ihnen durch die Lust eröffnet hat. Sie sind nicht darauf vorbereitet, in das kosmische Ereignis einzutreten, das durch ihr erotisches Treiben herbeigeführt wird. Im Westen werden die Ehen von der Kirche gesegnet, die aber vermutlich kaum weiß, welches Mysterium sie sich zu weihen erlaubt.

Unser Träumer hat die Fähigkeit, solche Dinge zu verstehen, wie sich im Traum dadurch zeigt, daß sich mitten in der Messe phallische Regungen einstellen. Er muß nur noch die bewußte Verbindung zwischen der Sexualität und dem Heiligen herstellen, auf die der Traum anspielt. Deshalb ist ihm der Traum auch erschienen.

Was hat es mit dem Gefühl des Träumers auf sich, »dringend masturbieren zu müssen«? Männer verbinden mit dem Masturbieren oft Schuldgefühle, weil es als Zügellosigkeit gebrandmarkt wird. Die Masturbation ist trotzdem normal und überall zu finden. Ganz abgesehen davon ist, nach Aussage vieler Frauen, der Geschlechtsakt viel häufiger eine Art erlaubter Masturbation für die Männer, als sie ahnen. Die Masturbation kann als eine Möglichkeit des Mannes verstanden werden, den Phallus anzuerkennen und zu genießen, rein seinetwegen und sich selbst zuliebe.

Im oben genannten Traum überkommt der Wunsch, zu masturbieren, den Träumer im Zusammenhang mit einer freisinnigen Messe. In der Messe wird Gott im Mysterium des geweihten Brotes und Weines angebetet, in denen er sakramental inkarniert ist. In der Masturbation wird der unsichtbare Phallus zum fühlbaren Phallus und wird ebenso als eigen anerkannt und bekannt. Der Gott wird genossen, so wie wir im *Shorter Catechism* der Presbyterianer aufgefordert werden, »Gott zu preisen und uns immerdar an Ihm zu erfreuen«.[98] Die Wandlung in der Messe ist von rituellen Handlungen begleitet. Das gleiche gilt auch für die Masturbation, die freilich im Gegensatz zur kollektiven Messe im Verborgenen geschieht. Die Psychoanalytiker wissen mehr als andere Menschen, mit welch reichhaltigem Ritual Männer die Masturbation umgeben, sowohl konkret wie in der Phantasie. Die Verehrung des Phallus, in der ein Mann persönlich und sichtbar seiner inneren Lebenskraft huldigen kann, hat heutzutage die Form der Masturbation angenommen. Von daher gesehen ist es ganz stimmig, daß der Wunsch des Träumers, zu masturbieren, im Zusammenhang mit einer Messe entsteht. Die Messe als Ritual, in dem sich die psychische Energie von außen nach innen bewegt, und der Wunsch, zu masturbieren, durch den sich die psychische Energie von innen nach außen bewegt, verschmelzen an einem transpersonalen, heiligen Ort. Hier finden wir wieder die Einheit der Gegensätze, das Kennzeichen des psychoiden Unbewußten, die den *Unus mundus* ankündigt.

In der männlichen Sexualität ist das Erscheinen des Phallus mit Freude und der Hoffnung auf instinkthafte Erfüllung verknüpft. Sexualität und Religion verwenden die gleiche Sprache, um diesen Zustand zu beschreiben. Besonders auffällig sind Begriffe wie Entrückung, Ekstase, Seligkeit. Bei der Masturbation kommt es selten zu mehr als einer Ahnung dieser Ebene der Erfüllung. Nur die sexuelle Vertiefung mit einem Partner, bei der die Grenzen des Ich in einer Verschmelzung mit dem anderen transzendiert werden, führt zu einer Erfahrung der reinen archetypischen Gegenwart – der Entrückung, Ekstase, Seligkeit. Auch bei einer Messe wird das nur selten geschehen, da die kollektiven Zeremonien sehr strukturiert und ich-entsprechend sind. Die religiöse Entrücktheit überkommt uns eher in der Einsamkeit, die einer der Begleitumstände der Masturbation ist. Die Masturbation in dem Traum deutet so auf die persönliche Verbindung mit dem Gott, die kollektiv in der Messe gefeiert wird. Masturbation und Messe stehen in einem umgekehrten Verhältnis zueinander. Was in beiden gleichermaßen auftritt, sind Erinnerung und Hoffnung, ein Erinnern vergangener Dinge, ein Wiedererinnern (eine Anamnese), und der Hinweis auf eine Möglichkeit, eine Hoffnung. Da Instinkt und Archetyp unlöslich miteinander verbunden sind, kann es nicht überraschen, daß beide sich wie in diesem Traum in der Religion und Sexualität bemerkbar machen. Schöpfung und Neuschöpfung (mit ihrer Freude) sind die Motive, durch die beide miteinander verknüpft sind.

Homosexualität

Ist Homosexualität krankhaft?

Jede Sexualität, oder auch überhaupt keine Sexualität, kann krankhaft sein. Der Fall des College-Präsidenten (vgl. Kapitel sechs) zeigt das zur Genüge. Aber wie steht es mit der Homosexualität an sich? Die Frage stellt sich beim Nachdenken über den Phallus, weil er eine so starke homosexuelle Anziehungskraft ausübt, und weil die sogenannten normalen Männer Angst haben, jedes Interesse am Phallus wäre ein Zeichen latenter Homosexualität. Nach John Bos-

Bild des Analverkehrs als Besamung des männlichen Geistes.
(Aus Vitruv, *De architectura*, 1511)

well, einem Historiker der Yale University, besteht das kollektive Problem mit der Homosexualität darin, daß die meisten Homosexuellen keine »inferioren Insider« sind, wie die Frauen, auch keine »Außenseiter«, wie die Schwarzen, sondern Menschen, die in der Sozialgeschichte überhaupt keiner Kategorie angehören. Homosexuelle werden nicht als Angehörige einer Untergruppe innerhalb der Gemeinschaft gesehen, sondern als Leute, die den anderen zwar ähneln, allerdings sexuell perverse Interessen verfolgen.[99] Diese Analyse zeigt, warum die Männer vor dem in sich Angst haben, was Vanggaard das homosexuelle Radikal nennt (vgl. Kapitel zwei).[100] Von der kollektiven Ebene her gesehen bedeutet Homosexualität, daß man nicht existent ist, daß einem ein Ich wie ein Selbst abgesprochen werden.

Boswell hat sich in seinem bedeutenden Buch *Christianity, Social Tolerance and Homosexuality* mit den geschichtlichen Gründen für diesen Ausschluß beschäftigt. Mein Interesse gilt hier der Faszination, die der Phallus auf Männer ausübt, die eine enge Beziehung zu ihrem homosexuellen Radikal haben. Ist die phallisch orientierte Sexualität dieser Männer pervertiert, krankhaft und kriminell, wie kürzlich in einer Entscheidung des U.S. Supreme Court festgestellt wurde, die das Gesetz gegen widernatürlichen Geschlechtsverkehr bestätigte, das in Georgia besteht?[101]

Wenn der Phallus nur etwas wäre, was der Großen Mutter dient – indem er aus ihr hervorgeht und von ihr als Ursprung magnetisch angezogen zu ihr zurückkehrt – spräche einiges dafür, daß Homosexualität eine Abweichung der grundlegenden Triebenergie ist. Wie beim Phallus überhaupt ist das Ziel des homosexuellen Phallus die Penetration, nur daß eben nicht in die Frau eingedrungen wird. Das Eindringen eines homosexuellen Mannes in eine Frau wäre dann sozusagen »doppelt gemoppelt«, da sein Ich schon stark weibliche Züge trägt. Gewöhnlich wird die Homosexualität so gesehen: ein Übermaß des Weiblichen im männlichen Ich zwingt die Libido zur Kompensation auf das Männliche zu. Wir suchen im sexuellen Verlangen, was unserem Ich fehlt. Bei Homosexuellen hat die mächtige Große Mutter im Unbewußten das Ich überschwemmt, durchdringt es, verweiblicht und homosexualisiert es. Folglich wird allgemein angenommen, männliche Homosexuelle hätten Schwierigkeiten mit einer instabilen Ich-Entstehung, mit ungefestigten Ich-Grenzen, und eine Therapie, die das Ich stärkt, würde zur Heterosexualität führen. Die Weiblichkeit würde aus dem Ich und ins Unbewußte bewegt, wo sie auch hingehört. An ihre Stelle würde das vom solaren Phallus geprägte Patriarchale treten.

Hier ist zu sagen, daß diese Einschätzung eine gewisse Wahrheit enthält. Der erfahrene Analytiker kann erkennen, wann die Homosexualität einfach eine Abweichung, eine Folge eines übermäßig weiblichen Ich ist, und auf eine Männlichwerdung hinarbeiten. Dabei muß aber festgehalten werden, daß selbst die härteste psychoanalytische Behandlung bei Männern, die ein aktives homosexuelles Radikal haben, nur selten das erotische Interesse am Phallus ausmerzen kann. Wenn es bei dieser psychologischen Situation nur um die Distanz zur Mutter und den Entschluß des Analysanden ginge, sich mit aller Macht heldenhaft zu geben, wäre die »Heilungsrate« viel höher, als sie ist. Der springende Punkt ist, daß die Männer, ob sie nun homo-, bi- oder heterosexuell sind, eine archetypische Verbindung mit dem Phallus zeigen, die nicht geheilt werden kann, ja sogar nicht geheilt werden sollte, weil es sich nicht um eine Krankheit handelt. Das Krankhafte wird erst ein Thema, wenn wir uns ansehen, wie ein Mann mit seiner Sexualität umgeht – eine Frage, in die auch kollektive Erwartungen und Urteile hereinspielen, und ihre Wirkung auf den einzelnen, wie Boswell bemerkt. Die Sexualität an sich, einschließlich des allgegenwärtigen homosexuellen Radikals in Männern, ist nie und war nie krankhaft. Wäre es anders, müßten wir Epsteins Darstellung des Michael/des Geistes, der über den Teufel/die Sinnlichkeit triumphiert, als korrekt ansehen.

Wenn Psychoanalytiker entscheiden wollten, wo sich ein Mann im Kontinuum des homosexuellen Radikals zu befinden hat, lägen sie genauso falsch, wie wenn sie seine Männlichkeit nach der Größe seines Penis beurteilen wollten. Kulturelle Normen, Vergleiche, statistische Untersuchungen, Staffelung nach Größe wie auch Plazierungen auf einer Skala gehören zum Kapitel naturalistischer Irrtum. Das Thema der Psychoanalyse ist die Präsenz des Phallus im psychischen Leben eines Mannes, was der Gott fordert, und wie das Ich auf diese Forderungen reagieren wird – der Prozeß der Individuation. Zu diesem Prozeß gehört, daß alles durchgearbeitet wird, was einem Mann von der äußeren Situation her das Gefühl gibt, an seiner psychologischen Verbindung mit dem Phallus könne etwas krankhaft sein. Dadurch bildet sich eine neue Einstellung zu den inneren und äußeren Anforderungen heraus, zu der auch das Wissen um den *Phallos protos* im Unbewußten beiträgt.

Wenn der *Phallos protos* in einer männlichen Psyche Macht hat, ist das ein Zeichen, daß der Gott den Mann für sich beansprucht. Das wäre die religiöse Sicht. Gott rührt eine Person an und fordert eine persönliche Antwort. Die Heiligen Schriften des Judentums und Christentums sind voll von Beispielen dafür, wie Gott einen Anstoß gibt. Die bekanntesten sind die Berufung des Propheten Jesaja, die Stimme, die Jesus bei seiner Taufe als Sohn Gottes bezeichnet, und die Bekehrung des Paulus vor Damaskus. Die Dynamik der Verfolgung durch das Heilige ist selbst schon phallischer Natur, ob der aggressive Gott nun in ein im Westen allgemein akzeptiertes religiöses Bild gekleidet ist oder von einem Mann direkt im Drängen des instinkthaften Phallus gefühlt wird. Im letzteren Fall handelt es sich um eine direkte Erfahrung des *Numen*, im anderen ist die Tradition der Vermittler. Die ganze Menschheit, die unsichtbare Kirche werden von Paulus als Braut Christi aufgefaßt, was das Phallische des göttlichen Anstoßes unterstreicht.[102]

Im Mittelalter trugen die Homosexuellen den Namen Ganymed nach dem Jüngling, den Zeus entführte, was auf den Phallus als Gottesbild verweist, der einen Auserwählten verfolgt.[103] Daß sich Homosexuelle irgendwie für etwas Besonderes halten, für eine spezielle Rasse, scheint so mehr als nur eine unverschämte Kompensation für ihre Statusprobleme zu sein.

Die American Psychological Association hatte 1973 die Homosexualität neu klassifiziert, nannte sie nicht mehr »Geisteskrankheit«, sondern »psychische Störung«. Auch diese etwas freundlichere Bezeichnung erweckt weiter Unbehagen. Während der Tagung von 1985 in Los Angeles, über die die New York Times berichtete[104], fand eine Podiumsdiskussion zum Thema »Parental Support of Gay

Children: Empirical, Experimental and Organizational Perspectives« (»Unterstützung homosexueller Kinder durch die Eltern: Perspektiven der Erfahrung, des Experimentierens, des Organisatorischen«) statt. Die Eltern widersprachen »der weit verbreiteten Ansicht, daß herrschsüchtige Mütter und abwesende Väter der Grund seien, warum ein Kind homosexuell wird... in der Diskussion wurde darauf hingewiesen, daß Gespräche mit Tausenden von Familien gezeigt haben, daß die Eltern von Homosexuellen kein durchgängiges psychologisches Muster erkennen lassen.«

Ein Sprecher der Eltern meinte: »Wir haben gelernt, daß es gar keine Wahl gibt. Niemand entscheidet sich, schwul zu sein. Wir glauben, daß unsere schwulen Kinder so geboren sind, daß die Homosexualität wie die Heterosexualität angeboren ist.« Zu dieser Feststellung könnte man natürlich sagen, daß sie offenkundig im eigenen Interesse getroffen ist. Sie vereinfacht sicher auch. Im Hinblick auf den Anstoß des archetypisch Phallischen ist immerhin zu bedenken, daß die Behauptung der Eltern auf eine Quelle und Steuerung der Libido hinweist, die außerhalb der Wechselfälle der Kindheitserlebnisse liegt. Jungs Überzeugung, daß das Unbewußte über eine Dynamik verfügt, die unabhängig von den Erlebnissen und Absichten des Ich ist – daß es in ihm, wie Eliade schrieb, »eine eigengesetzliche Form der Erkenntnis« gibt, daß es die Quelle von Ottos *Numinosum* und *Mysterium tremendum* ist – zeigt eine ähnliche Haltung. Angeborensein muß nicht nur biologisch verstanden werden. Im Angeborensein liegt uns ein Konzept vor, das den biologischen Instinkt mit dem psychologischen Archetyp verknüpft. Die transgressive oder überschreitende Eigenschaft des psychoiden Unbewußten zeigt an, daß die biologische und die psychologische Vererbung »zwei Seiten einer Münze« sind.

Wenn ich Jungs Vorstellung des kollektiven Unbewußten und seiner archetypischen Struktur erkläre, ziehe ich gern den Vergleich zu einem Schiff, das für das individuelle Ich steht, und das den Ozean überquert, der das Unbewußte versinnbildlicht. Die archetypische Struktur des Unbewußten vergleiche ich mit dem Meeresboden, dessen Tiefe, Geländeform, Beschaffenheit zusammen mit dem Pflanzenwuchs und der Tierwelt ganz unterschiedlich ist. Das Schiff Ich an der Oberfläche hat eine Abtasteinrichtung, über die es mit der Topographie und den Bewohnern des Meeresbodens verbunden ist, und die abhängig von den grundlegenden Determinanten tief unten einen Einfluß auf die Bewegung des Schiffes ausübt. Der archetypische Boden hat keinen umfassenden Einfluß auf den Kurs des Schiffes, und zwar deshalb, weil auf der Brücke des Schiffes Ich der Kapitän steht – die Willenskraft -, der innerhalb der Möglichkeiten, die der archetypische Grund bietet, seine Entscheidungen trifft. Das Schiff bewegt sich, und diese Bewegung verändert seine Beziehung zu den archetypischen Mustern auf dem Meeresboden. Der Meeresboden ist allerdings immer da: der Kapitän kann ihn nicht ignorieren. Der Kapitän kann nur Entscheidungen treffen, die in einem Bezug zum Meer, zur archetypischen Grundlage stehen.

Der Vergleich läßt sich nur bis zu einem bestimmten Punkt fortführen. Ein Schiff ist nicht so vom Meeresboden abhängig wie das Ich vom Unbewußten. Aber dem Vergleich läßt sich ein Ziel der Psychoanalyse entnehmen: sie kann dazu beitragen, daß das Ich und seine Willenskraft im Kontext der archetypischen Grundlage einer Person besonnen den Kurs bestimmt. Es kann katastrophale Folgen haben, wenn der archetypische Grund und seine Beschaffenheit ignoriert werden. Wir könnten vielleicht von einem »Titanic-Komplex« sprechen. Ein prahlerisches Ich kann Schiffbruch erleiden.

Wenn Gott-Phallus in die Nähe des Schiffes Ich kommt, wird er zu einem mächtigen Faktor, der den Kurs beeinflußt. Das ist nicht die Schuld des Schiffes Ich, und auch nicht die seiner Erbauer (die Eltern in der Geschichte oben) oder des Kapitäns. Es ist die »Schuld« des Archetyps. Das meinen die Eltern – bewußt oder unbewußt – wenn sie davon sprechen, daß Homosexualität ihren Kindern angeboren ist. Diese Eltern werfen, wenn wir von ihrem ureigensten Interesse an dem Thema einmal absehen, eine Frage auf, mit der sich die American Psychological Association, die reichlich unverblümt die Homosexualität zu einer »psychischen Störung« erklärte, auseinandersetzen sollte.

Archetypen haben durchaus Fehler, sind »schuld«, vor allem aus der Sicht des Schiffes Ich und seines Kapitäns Willenskraft von der Titanic. Stürme heulen plötzlich los, Eisberge tauchen aus dem Nebel auf, Riffe versperren ohne Vorwarnung den Weg, vulkanische Ausbrüche drohen, der Wind dreht – alles Dinge, die jeden Tag im gewöhnlichen Menschenleben geschehen und an denen die Archetypen schuld sind. Solange man sicher im Hafen bleibt, kommt es vielleicht zu keinen größeren Schäden. Es gibt Männer, die ihre Zufluchtstätten nie verlassen. Ihr Verbleiben in der uroborischen Großen Mutter gibt ihnen die Illusion der Sicherheit, wie wir es bei T.S. Eliots Figur des J. Alfred Prufrock sehen, der überlegt, ob er es wagen sollte, Pfirsiche zu verzehren.[105] Der Preis, den J. Alfred Prufrock für seine Vorsicht zahlt, ist Ängstlichkeit – zur Erektion ist er nicht mehr fähig.

In das Reich von Gott-Phallus einzudringen mag gefährlich werden, da der Fehler des Gottes zu einer Überforderung führen kann, die bis zur Besessenheit geht – zu einer Vernarrtheit, die sich in Zwangsvorstellungen und/oder Zwangshandlungen äußert. Das Ich, die solare Männlichkeit hat Vorkehrungen gegen den chthonischen Phallus getroffen, da der Phallus von sich selbst besessen sein kann und vom Ich totalen Gehorsam fordert, wobei es nur noch auf Orgasmus und Befriedigung des Phallus ankommt. Neumann war davon offenbar nicht so angetan und konstruierte die Entwicklung des »unteren« Phallus in den »oberen«. Er wollte den größtmöglichen Abstand zwischen dem männlichen Ich-Bewußtsein und dem unersättlichen Appetit der Großen Mutter, in deren Hände er die psychische Verantwortung für den chthonischen Phallus legte. *Das braucht nicht unbedingt so zu sein.* Der Phallus hat selbst eine gespaltene Persönlichkeit, ist einerseits schöpferisch und wütet andererseits wild darauf los. Der Phallus kann gleichzeitig beinahe sein Bestes geben und am schlimmsten sein, wenn er wie ein Sturmbock auf die orgasmische Ekstase losbraust und die Schranken der Ich-Sicherheit und Ich-Abwehr durchbricht.

Es ist gleichermaßen sinnlos, die Schuld am Krankhaften dem Phallus als solchem aufzubürden, oder aber die Brust verantwortlich zu machen. Wer ist mehr im Schlepptau der Großen Mutter, der Mann, der einen Bogen um ihre irdische Entsprechung macht, oder der, der nicht ohne sie leben kann? Ist der eine in der Umarmung der Großen Mutter erstarrt, weil er sich nicht zu ihrer Brust hingezogen fühlt, und ist der andere aus ihren Ketten befreit, weil er von ihr angezogen wird?

Ich frage mich, ob das Thema der sexuellen Vorliebe durch eine einfache Formel zu klären ist: wenn ein Mann ein Mehr an Vater braucht, ist er homosexuell, wenn er mehr Mutter braucht, heterosexuell, und wenn er mehr von beidem braucht, bisexuell. Das Bemühen, einem Mann vorzuschreiben, wen er lieben soll, ist nichts als pervertierte Theologie. Wir sehen hier die psychologische Entsprechung des Monotheismus, der vom patriarchalen Siegeswillen beherrscht ist und verlangt, daß am einen, wahren Gott des Patriarchen festgehalten wird.

Als ich mich einmal ermattet durch Zürich zu einer weiteren Stunde meiner Analyse schleppte und entschlossen war, diese Frage zu klären, fiel mir ein, daß ich nie mein krankhaftes Verlangen mit in die Stunde brachte, zum Frühstück Cornflakes statt des gesünderen Granola zu essen. Selbsterhaltung und Arterhaltung, Essen und Sex, sind die beiden grundlegenden biologisch/archetypischen Instinkte. Der eine erfordert, wenn keine Störung vorliegt, in der Therapie kaum Zeit. Der andere nimmt, ob eine Störung vorliegt oder nicht, ungeheuer viel Zeit in Anspruch. Irgend etwas stimmt nicht.

Animus: die phallische Energie in Frauen

Diese Arbeit befaßte sich mit den Grundlagen der Psychologie des Männlichen. Trotzdem müssen wenigstens ein paar Worte dazu gesagt werden, wie der Phallus in der Psychologie des Weiblichen erscheinen kann. Ganz gleich, mit welchem Geschlecht wir uns identifizieren, es gibt keinen Archetyp, der einzig von einem der beiden Geschlechter erfahren werden kann. Unsere Körper zeigen uns ohne große Umstände, daß wir männlich oder weiblich sind, doch in der Psyche liegen die Dinge nicht so einfach. Die Situation ist auf jeden Fall wegen ihrer Vielschichtigkeit interessanter. Da das Patriarchat der Männlichkeit einen hohen Wert beimißt, empfinden die Frauen ihre Vielschichtigkeit vielleicht als Geschenk, während die Männer ihre eigene wohl eher für störend halten.

Meine Beobachtungen sind natürlich vom männlichen Standpunkt aus gemacht und haben nicht die Authentizität der direkten Erfahrung einer Frau. Ich füge sie hier trotzdem an, damit sich das Bild rundet. Sie sind auf keinen Fall als endgültig oder unbedingt richtig anzusehen. In der Psychologie muß sich Richtigkeit immer in der Praxis erweisen.

Jung bezeichnete das männliche Element in der Psyche der Frau als Animus, was im Lateinischen Verstand oder Geist heißt. Er entspricht Jungs Konzept der Anima, dem weiblichen Aspekt in der männlichen Psyche. Das lateinische *anima* bedeutet Seele, und Jung sprach von der verborgenen, inferioren Gefühlsseite des Mannes. Wenn die Anima auch theoretisch den zweiten Platz hinter dem männlichen (sagen wir: phallischen) Ich einnimmt, so macht sie sich doch in seinen Launen und emotionalen Reaktionen bemerkbar. Jung verstand die Anima sozusagen von innen heraus. Den Animus konnte er nicht auf dieselbe Weise erfassen. Er nahm an, der Animus der Frau entspreche seiner Funktion nach der Anima des Mannes, wobei beide dominante Eigenschaften kompensieren, die sich aus der Geschlechtsidentität der Person ergeben.[106]

Für Jung war diese Entsprechung jedoch nicht deshalb selbstverständlich, weil sie das Bild so hübsch einfach machte. Er beobachtete die sogenannten männlichen Eigenschaften in den Frauen, die er kannte, und fand sie inferiorer als die gleichen Eigenschaften, die er an Männern schätzte. Genauso unwohl war ihm bei den weiblichen Eigenschaften, die er in sich selbst und in anderen Männern entdeckte.

Jung war der Ansicht, daß die gegengeschlechtlichen Eigenschaften in Männern wie Frauen deshalb inferior oder minderwertig sind, weil sie verdrängt und übergangen werden. Die Aspekte und Möglichkeiten der Persönlichkeit, die nicht zum geschlechtlichen Rollenmodell passen, sinken ins Unbewußte ab. Sie tauchen von Zeit zu Zeit als typische, aber unentwickelte Eigenschaften des anderen Geschlechts auf. Wenn bei Männern der Ich-Schutz zusammenbricht, werden sie gern rührselig, hektisch, klatschsüchtig, nörgelig – alles Anzeichen einer von der Anima ausgelösten Besessenheit. Entsprechend können Frauen herrschsüchtig, eigensinnig, anmaßend, im Denken oberflächlich werden – Zeichen einer Besessenheit durch den Animus. Da von den Frauen erwartet wird, daß sie im Haus die verwandtschaftlichen Verhältnisse pflegen, können solche Eigenschaften einiges auseinanderbrechen lassen. Sie wirken dem natürlichen, nährenden Eros der Frauen entgegen, so wie Selbstmitleid, hysterische Überreaktionen und Dramatisieren dem solaren Bewußtsein, dem Logos in den Männern zuwiderlaufen.

Solange in jungianischen Kreisen in dieser Form über den Animus gedacht wurde, glaubten Generationen von Anhängern Jungs, er würde die männlichen Eigenschaften in Frauen herabsetzen. Inferiore gegengeschlechtliche Züge sind bei beiden Geschlechtern allerdings leider nicht zu übersehen. Eine neue Generation jungianischer Analytiker und vor allem Analytikerinnen – deren geistige Führerinnen Irene Claremont de Castillejo und Esther Harding sind – haben gezeigt, daß die Frauen über ein Erbe verfügen, mit dem sie sich vor dem Patriarchat nicht zu verstecken brauchen.[107]

Irene Claremont de Castillejo ist für mich besonders wichtig gewesen. Sie hörte ich als erste dagegen protestieren, daß aus Jung zu folgern sei, der Animus wäre als die Seele der Frau zu bezeichnen. In ihrem Buch *Die Töchter der Penelope* stellte sie fest, die Seele der Frau sei ebenfalls weiblich.[108] Die Seele ist für sie stets weiblich. Ich verstehe das so, daß die Seele der Weiblichkeit das Gewicht, den Einfluß verleiht, weil Inhalt und Gefäß eins sind. Eine Frau, die ihr Seelenbild entdecken will, muß tief in sich hineinblicken.

Im Animus drückt sich genauso wenig die grundlegende Beschaffenheit der weiblichen Psyche aus, wie sich in der Anima die grundlegende Beschaffenheit der männlichen Psyche ausdrückt. Der Animus in der Frau wird nicht mehr als unbedingt negativ gesehen, sondern als facettenreicher Aspekt des männlichen Geistes. Der sogenannte negative Animus ist nichts als ein Schritt auf dem Weg. Dieser Schritt ist zwar schwierig, doch der

Der Teufel als Luftgeist und gottloser Intellekt, eine Personifizierung des negativen Animus. – Illustration von Eugene Delacroix, 1799-1863. (The Heritage Club, New York)

Animus ist mehr als die schlechtgelaunte inferiore Männlichkeit, von der wir oben sprachen. Wenn der Animus geschult und ausgebildet wird, gibt er den Frauen Kraft und ist bereit, so verantwortlich solar zu sein, wie es das Patriarchat im besten Sinne sein kann. Der Animus *kann* denken und ist nicht oberflächlich, wenn er sich die Zeit nimmt und die Energie aufbringt, die für ein entwickeltes Denken erforderlich sind. Frauen geben oft allgemeine Werturteile ab und hängen an undifferenzierten Meinungen – aber das tun Männer auch. Wie die Männer sich emotional entwickeln, wenn sie aufhören, sich auf die Frauen als alleinige Trägerinnen des Eros zu verlassen, beginnen die Frauen individuell zu denken, wenn sie aufhören, im Bereich des Logos von den Männern abhängig zu sein.

Welchen Platz nimmt dann der Phallus-Animus im schöpferischen Leben einer Frau ein, die keine Zuflucht mehr zu einem Mann oder männlichen Bild nimmt, auf die sie ihre phallischen Eigenschaften projizieren kann?

Der Phallus kann eine Frau so führen, wie er einen Mann führt. Bildlich gesprochen kündigen seine Regungen einer Frau an, daß sie sich einer schöpferischen Phase nähert. Die Erektion oder der Impuls, der zu ihr führt (wie das Gefühl in dem Traum oben, »dringend masturbieren zu müssen«), zeigen einem Mann, daß etwas in Gang gekommen ist, daß der Gott aus seinem Schlaf erwacht. Eine Frau wird das Drängen des Phallus nicht wie ein Mann spüren, aber es gibt Ähnlichkeiten. Die Regungen des Phallus in einem Mann zeigen, daß er gleich bereit sein wird, seinen Samen zu säen. In einer Frau manifestiert sich der positive Aspekt des Animus im Drang, sich schöpferisch in der Welt durchzusetzen.

Einer Frau, die jahrelang die patriarchalen Strukturen durch ihre Routinearbeiten im Büro unterstützte, legt der Animus dann zum Beispiel nahe, ihre beruflichen Chancen wirklich wahrzunehmen. Es ist der Animus, der eine Frau aus dem Haushalt und freiwilliger, typisch »weiblicher« Arbeit herausführt und sie ernsthaft überlegen läßt, auf die Universität zu gehen und ihre Karriere vorzubereiten. Der Animus bringt sie dazu, die Pläne auszuführen, und gibt ihr die Kraft, das Ziel zu erreichen. Der Phallus-Animus kann plötzlich wie eine morgendliche, merkurische Erektion aufspringen und nach sofortiger Befriedigung lechzen. Er kann ebensogut langsam und überlegt vorgehen. Eine Frau ist freilich mit dem Phallus als persönlichem Attribut nicht vertraut und muß vorsichtig sein. Vielleicht muß sie erst weiblichen Verpflichtungen, zum Beispiel als Mutter, nachkommen. Wenn sich der Animus aber zeigt, ist er unmißverständlich phallisch. Eine Frau, deren Weiblichkeit gut verwurzelt ist, wird durch den Animus nicht männlich. Das Element der Macht im Phallus bleibt ihrer weiblich-empfangenden Natur untergeordnet. Und doch ist es präsent und wird in ihren Leistungen sichtbar.

Entwickelt eine Frau ihren inneren Phallus-Animus, wird sie als Person in zunehmendem Maße unabhängig, vor allem in ihren

Beziehungen mit Männern. Wenn eine Frau vertraut mit ihren männlichen Kraftquellen ist, wird sie weniger von der phallischen Unterstützung durch einen Mann abhängig sein.

Als ich im Sommer eines Morgens aufwachte und eben diesen Teil meines Buches schreiben wollte, überlegte ich mir, wie ich jene Unabhängigkeit im Animus einer Frau illustrieren könne. Da brachte das Bildungsprogramm unsere Radiostation in Scranton Interviews mit Frauen, in denen es um das Thema »Unterhalt für Kinder nach der Trennung« ging. Ein Teil des Problems, angemessene Unterhaltszahlungen für die Kinder zu bekommen, hat mit der Schwierigkeit zu tun, die Forderungen gerichtlich geltend zu machen, ganz abgesehen von den Problemen mit dem sich sträubenden Mann. Die Frauen, die sich in den Interviews äußerten, waren zur Selbständigkeit gezwungen worden. Sie konnten sich, was den Unterhalt betraf, weder auf die Väter ihrer Kinder noch auf die patriarchalen gesellschaftlichen Einrichtungen verlassen. Die Frauen, einige mit mehreren Kindern, kamen nicht nur gut zurecht, sie organisierten auch überregionale Vereinigungen, die sich für eine Verbesserung der rechtlichen Lage einsetzen. Die Frauen klangen stark, entschlossen und stolz. Ich mußte an eine grimmige, gebeugte ältere Frau denken, die ich kürzlich auf der Hauptstraße zwischen New York und Scranton ihren klapprigen Chevrolet fahren sah. Im Heckfenster hatte sie eine jener gelben achteckigen Nachahmungen von Verkehrsschildern baumeln. Es war nicht der übliche Hinweis »Baby an Bord«. Auf ihrem stand »Ex-Mann im Kofferraum«. Die Frau hatte den Tag für mich gerettet.

Zur Unabhängigkeit einer Frau gehört die Überwindung der Zwänge, die der negative Animus ausübt. Der negative Animus ist im wesentlichen eine intrapsychische männliche Stimme oder Präsenz. Außen kann er sich in Form unangenehmer Wutanfälle zeigen, die gegen andere gerichtet sind, doch die wirklich bösen Schattierungen kennt nur die Frau selbst. Der negative Animus flüstert der Frau ein, sie sei eine unfähige Idiotin, die sich nie aus ihrem behüteten Zustand in etwas so Erhabenes wie die »Welt der Männer« bewegen könne. Wenn die Frau wisse, was für sie gut sei, gehe sie am besten auf Nummer Sicher und halte sich an das, was sie wirklich könne.

Sie gehe zu weit und werde bestimmt versagen, sie solle lieber ihren Mann unterstützen und sich nicht um sich selbst kümmern, sie sei schwach und ängstlich und so weiter und so fort. Der negative Animus verhält sich wie der vergewaltigende Phallus, der erreichen will, daß ihm die Frau untertan bleibt, der sie unterjochen und für die erotische Macht zahlen lassen will, die sie über ihn hat. Wir sehen das Patriarchat vor uns, das die Herrschaft über das Matriarchat ausübt.[109]

Die Entwicklung eines negativen Animus kann häufig auf den persönlichen Vater zurückgeführt werden, der als verletzend erlebt wurde (oder auf einen Vaterersatz, wie zum Beispiel den Animus der Mutter), aber sie läßt sich in der Dynamik der Introjektion keineswegs vollständig erfassen. Hinter dem persönlichen Vater steht die Welt des archetypisch Männlichen.

Der archetypische Phallus zeigt einen Aspekt der Gleichgültigkeit und Brutalität, der auf Befriedigung aus ist. Eine Analysandin brachte einen Traum, in dem sich Insekten lebhaft auf dem fließenden Gewand einer klassisch griechischen, weiblichen Statue paarten. Dies zeigte die phylogenetische Entwicklung auf einer primitiven Stufe, die sich einem höchst verfeinerten Kunstwerk überlagerte. Die Träumerin sagte sich im Traum: »Um in die Frau einzudringen, muß der Mann mit seinem Phallus die Haut durchbrechen«.

Diese Deutung innerhalb des Traumes läßt sich aus verschiedenen Blickwinkeln betrachten. Im Fall dieser Frau und im Zusammenhang mit ihrer Therapie schien mir, daß sich ein Aspekt des negativen Animus in einer besonders brutalen Weise zeigte – als ein »Durchbrechen« ihrer Haut. Dabei schwang mit, daß er ein fundamentales biologisches Recht habe, sich so zu verhalten. Die Frauen werden ständig durch diese Anmaßung verletzt und nehmen es als gegeben und wahr hin, daß die männliche Stimme in ihrem Inneren über eine Autorität verfügt, die sie nicht in Frage zu stellen wagen. Das archetypisch Weibliche steht dem Biologischen nahe und bewegt die Frauen, sich Erniedrigungen auszusetzen, die vom negativen Animus ausgehen, wobei diese Belastung physisch oder psychisch erlebt werden kann.

Keine Frau hat in ihrem unbewußten Haushalt nur eine einzige Eigenschaft des Animus. Jung war sogar der Auffassung, daß der Animus eher als eine Art Komitee von Männern in Erscheinung tritt, woraus folgt, daß sich ein negativer Animus in der Nachbarschaft positiver männlicher Gestalten befinden kann. Wenn eine Frau also von einer positiven männlichen Gestalt träumt, tut sie gut daran, auf diesem Potential, das ihr helfen kann, aufzubauen, damit ein Gegengewicht zu den männlichen Stimmen in ihrem Innern entsteht, die sie in Stücke reißen möchten. Solche Gestalten zeigen sich auch. Eine Frau, die sich während ihrer depressiven Anfälle heftig ängstigte, sie sei nicht fähig, ihren Beruf als Managerin erfolgreich auszuüben, hatte den folgenden Traum, in dem eine positive Animus-Gestalt erschien. Wie es für Träume typisch ist, kannte sie den Mann, hätte aber bewußt nie daran gedacht, daß er ihr helfen könnte.

Ich bin auf einer Riesenparty mit Tanz. Ein Mann fordert mich zum Tanzen auf und ich tanze. Wir sind gut, und er ist *sehr stark*. Während wir tanzen, hebt er mich hoch auf seine Schultern, und zwar wirklich nett. Ich bin sehr froh, daß er groß und stark genug ist, um mich so zu führen und hochzuheben.

Der Phallus-Animus verhält sich hier so, wie er sich in einem Mann geben würde: er betritt die Szene autonom, gerufen oder nicht gerufen – in diesem Fall nicht gerufen. Der Mann im Traum als subjektives Bild des Animus der Träumerin bestätigt sie in ihrer Weiblichkeit und gibt ihr einen Hinweis auf ihre eigene phallische Stärke. Aufgabe der Frau ist es, diesem »sehr starken« Animus zu trauen, wie ein Mann dem Drängen und der Präsenz des Phallus trauen muß.

Was ein Mann über den Animus einer Frau sagen kann, der negativ oder phallisch-positiv, wie ich es nenne, sein mag, hat selbstverständlich seine Grenzen. Meine Ansichten hier stützen sich zwar auf das, was Frauen zu dem Thema geschrieben haben, und was ich aus meiner Erfahrung kenne, sind aber doch durch meine männliche Identität geprägt, ganz gleich, inwieweit meine persönliche Anima ähnliche patriarchale Versuche erlebt hat, bei denen es um

ein Eindringen oder Unterstützen ging. Ich hoffe auf weiteren Auf-
schluß von den Frauen selbst, wie das Weibliche die phallische
Energie erlebt.

LYSISTRATA.

Nachwort

Ich habe hier mit Nachdruck auf die religiöse Bedeutung des Phallus hingewiesen. Jungianer können das theoretisch sicher verstehen. So bleibt abzuwarten, ob andere die Verbindung mit der Religion ebenfalls als zwingend oder sogar nachvollziehbar ansehen.

Vielleicht hilft es uns, wenn wir uns erinnern, daß die Religion in der jungianischen Betrachtungsweise der Psyche ein nicht-theologisches Konstrukt ist, eine schöpferische Manifestation des »Nicht-Ich«, wie Esther Harding das Unbewußte nannte.[110] Wenn wir den Phallus zusammen mit dem mütterlichen Prinzip als beteiligt am Ursprung sehen, als numinos, ein Objekt der Faszination und Verehrung, das Zeichen der Geschlechtsidentität der Hälfte der Menschheit, so muß er in dem Konstrukt einen Platz angewiesen bekommen, der diese Attribute fassen und erhellen kann.

In diesem Buch finden sich verstreut die Folgerungen, die sich aus dem Verständnis des Phallus für die Psychotherapie ergeben. Ich kann hier nur noch anfügen, daß die Analyse an Aufrichtigkeit gewinnt, wenn der Phallus als grundlegendes psychisches Bild akzeptiert wird. Die Analyse gleitet dann weniger leicht in eine patriarchale Richtung ab. Sie erleichtert – den Männern wie den Frauen – die bewußte Integration der archetypisch männlichen Eigenschaften.

Das führt noch weiter. In einer Zeit, in der die patriarchalen Werte verblassen, geraten die kulturellen Voraussetzungen in Fluß. Es mag sein, daß sich die Menschheit unerbittlich auf den *Unus mundus*, auf eine neue, postmatriarchale und postpatriarchale Vereinigung der Gegensätze zubewegt, die dem Männlichen und Weiblichen gleiches Gewicht gibt. Wenn das so ist, müssen lang vernachlässigte Elemente des psychologischen Fundaments bewußt miteinbezogen werden, damit die Entwicklung sich vollendet. Ich bin

161

überzeugt, daß ein Verständnis des *Phallos protos* oder der Patrix gleichberechtigt neben der weiblichen Matrix von entscheidender Bedeutung für das neue Zeitalter sein wird.

Anhang

Dank

Ich danke Barbara Monick, der Union Graduate School, Alice Petersen, Doris Albrecht, Bonnie Strohl, ARAS, der Bibliothek des C.G.Jung-Instituts Zürich, Alexander McCurdy, James Hillman, John Walsh, Lala Zeitlyn, Dorcas Bankes, Jonathan Goldberg, meinen Analysanden und vielen anderen.

Ich danke meinem Vater.

Anmerkungen

(GW – C.G. Jung: Gesammelte Werke)

1 Theodor Reik: *Hören mit dem dritten Ohr.* S. 20.
2 George Elder: »Phallus«. S. 1.
3 C.G. Jung: *Symbole der Wandlung.* GW 5, § 669 und Anmerkung, S. 543.
4 Vgl. Arnold Mindell: *The Dreambody. Körpersymptome als Sprache der Seele.*
5 C.G. Jung: *Zwei Schriften über analytische Psychologie.* GW 7, S. 133.
6 Mircea Eliade: *Ewige Bilder und Sinnbilder.* S. 9.
7 Ebd., S. 14f.
8 Vgl. oben, Anm. 1.
9 C.G. Jung: *Psychologische Typen.* GW 6, § 789, S. 512.
10 Rudolf Otto: *The Idea of the Holy.* S. XVI. (Vorwort des Übersetzers)
11 Rudolf Otto: *Das Heilige.* S. 7.
12 Ebd., S. 225.
13 Ebd., Kap. 4-6.
14 Thomas Wright: »A Worship of the Generative Powers«. S. 28.
15 C.G. Jung: *Symbole der Wandlung.* GW 5, § 146, S. 127.
16 Alain Daniélou: *Shiva and Dionysus.* S. 56.
17 Ebd.
18 Ebd.
19 Ebd.

20 Ebd., S. 58.

21 Vgl. Anm. 15. (C.G. Jung: *Symbole der Wandlung.* GW5, § 146, S. 127.)

22 Thorkil Vanggaard: *Phallos.* S. 14.

23 John Sharkey: *Celtic Mysteries: The Ancient Religion.* Text zu Tafel 9.

24 Galater 5, 16-17.

25 Vgl. C.G. Jung: »Antwort auf Hiob«. *Zur Psychologie westlicher und östlicher Religion.* GW 11.

26 Sigmund Freud: »Die endliche und die unendliche Analyse«. Ges. W. 16, S. 96-99.

27 Vgl. Marie-Louise von Franz: *Der ewige Jüngling. Der Puer Aeternus und der kreative Genius im Erwachsenen*; und
Daryl Sharp: *The Secret Raven: Conflict and Transformation.*

28 C.G. Jung: *Erinnerungen, Träume, Gedanken.* S. 18f.

29 Ebd., S. 19.

30 Jungs Ansichten zu diesem Thema sind am ausführlichsten in *Symbole der Wandlung* dargestellt, GW 5, vor allem Teil 2, Kapitel 4-8.

31 In *C.G. Jung. Sein Mythos in unserer Zeit.* (S. 22-48). kommentiert Marie-Louise von Franz ausführlich Jungs frühen phallischen Traum. Sie versteht ihn als Hinweis auf das Prinzip des Eros, das bei ihm stark war, auf seine Menschenliebe, seine betont religiöse Haltung, die ihn als Kind schon ergriff, und vor allem als Vorläufer seiner Hinwendung zum »Licht der Natur«, dem instinkthaften Unbewußten. Sie sieht den Traum auch als frühes Beispiel für Jungs Überzeugung, daß Gott nicht tot ist, sondern vielmehr im Unbewußten begraben ist und auf die Entdeckung durch den Menschen wartet. Sie geht gar nicht auf die sexuelle Bedeutung ein und betont vielmehr, wie wichtig er für die Kreativität und die männliche geistige Befruchtung war.

32 Vgl. Erich Neumann: *Ursprungsgeschichte des Bewußtseins.* S. 45.

33 Zitiert ebd., S. 49-50.

34 Sigmund Freud: *Die Zukunft einer Illusion.* Ges. W. 14, S. 336.

35 George Hogenson: *Jung's Struggle with Freud.* S. 84-85.

36 James Hillman: *Re-Visioning Psychology.* S. 84ff.

37 John Money und Anke Ehrhardt: *Man and Woman, Boy and Girl.* S. 7, 147-148.

38 C.G. Jung: *Erinnerungen, Träume, Gedanken.* S. 162.

39 Es wird davon gesprochen, daß Jung im mittleren Alter gewisse Schwierigkeiten hatte, sein Geschlechtsleben zu steuern. Vgl. z.B. Sabina Spielrein: *Tagebuch einer heimlichen Symmetrie. Sabina Spielrein zwischen Jung und Freud.*

40 Erich Neumanns drei Hauptwerke sind *Ursprungsgeschichte des Bewußtseins, Die Große Mutter* und *Tiefenpsychologie und neue Ethik.* Sie sind zwar in den Vereinigten Staaten schon vor über fünfundzwanzig Jahren erschienen, müssen aber von der amerikanischen psychoanalytischen Gemeinde erst noch entdeckt werden. Neumann wurde 1905 in Berlin

geboren. Er verließ 1933 Deutschland und starb 1960 in Israel (ein Jahr vor Jungs Tod). Sein früher Tod war ein großer Verlust für die analytische Psychologie.

41 Erich Neumann: *Ursprungsgeschichte des Bewußtseins*. S. 83.
42 Ebd., S. 248.
43 Ebd., S. 248.
44 Ebd., S. 21.
45 Erich Neumann: *Die Große Mutter*. S. 278.
46 T.S. Eliot: »Little Gidding«. *Vier Quartette.*
47 Aniela Jaffé: *Aus Leben und Werkstatt von C.G. Jung*. S. 20f.
48 C.G. Jung: »Das Gewissen in psychologischer Sicht«. *Zivilisation im Übergang*. GW 10, § 852, S. 492.
49 C.G. Jung: *Mysterium Coniunctionis*. GW 14,2, § 443, S. 333: »...scheint es mir doch sehr viel vorsichtiger und vernünftiger zu sein, die Tatsache, daß es nicht nur ein psychisches, sondern auch ein psychoides Unbewußtes gibt, in Betracht zu ziehen...«
50 Mitchell Wilson und die Herausgeber des Magazins *Life: Energy*. S. 143.
51 Ebd., S. 144.
52 C.G. Jung: »Synchronizität als Prinzip akausaler Zusammenhänge«. *Die Dynamik des Unbewußten*. GW 8, § 954, S. 573.
53 vgl. »Vaterleib« bei Marion Woodman: *Leben aus der Kraft der Göttin*. S. 54.
54 C.G. Jung: *Mysterium Coniunctionis*. GW 14,2, § 441, S. 331.
55 Vgl. C.G. Jung: »Die transzendente Funktion«. *Die Dynamik des Unbewußten*. GW 8.
56 C.G. Jung: »Der Geist Mercurius«. *Studien über alchemistische Vorstellungen*. GW 13, § 263, S. 233.
57 Roger Cook: *The Tree of Life*. S. 9.
58 Mircea Eliade: *Schamanismus und archaische Ekstasetechnik*. S. 258.
59 Ebd., S. 169.
60 Ebd., S. 249.
61 Rafael Lopez-Pedraza: *Hermes and His Children*. S. 3.
62 Hodder M. Westropp und C. Stanaland Wake: *Phallicism in Ancient Worship*. S. 50.
63 George Elder: »Phallus«. S. 5.
64 C.G. Jung: »Der Geist Mercurius«. *Studien über alchemistische Vorstellungen*. GW 13, § 239.
65 Ebd., § 278, S. 249.
66 Ebd., § 284, S. 254.
67 Ebd., § 287, S. 257.
68 Vgl. Marion Woodman: *Heilung und Erfüllung durch die Große Mutter*. Kap. 8, »Die hingerissene Braut«.
69 *Vocatus atque non vocatus, Deus aderit.* (Gerufen und nicht gerufen, Gott wird da sein.)

70 In Jungs *Psychologie und Alchemie* (GW 12, Abb. 231, S. 478) ist eine Zeichnung des 16. Jh. abgebildet, die Mercurius als Jungfrau darstellt. Er/sie steht aufrecht da, und aus seinem/ihrem Haupt sprießen die Zweige der *arbor philosophica*. Hier haben wir den bisexuellen Mercurius, der nach Jungs Worten »aus allen erdenklichen Gegensätzen« besteht. Mercurius als Jungfrau legt nahe, daß der Baum mit der Mutter/dem fruchttragenden Baum identisch ist, ein Gedanke, der nicht von der Hand zu weisen ist. Was Mercurius selbst angeht, so eignet er sich aufgrund seiner Fähigkeit, sich in eine Frau verwandeln zu können, besonders gut als Bild des Selbst (worauf Jung hinweist). Ich werde in meiner Darstellung des Dionysos darauf zurückkommen.

71 Stanislas K. de Rola: *Alchemy: The Secret Art*. Tafel 39. Vgl. auch C.G. Jung: *Psychologie und Alchemie*. GW 12, Abb. 131, S. 297.

72 C.G. Jung: *Psychologie und Alchemie*. GW 12, Text zu Abb. 131, S. 297.

73 Walter F. Otto: *Dionysos*. S. 164.

74 Ebd., S. 160.

75 Ebd., S. 162.

76 *The New Larousse Encyclopedia of Mythology*. S. 161.

77 Karl Kerényi, Kommentar in Paul Radin: *The Trickster. A Study in American Indian Mythology*. S. 190.

78 *The New Larousse*. S. 137.

79 Ebd., S. 138.

80 Ebd., S. 98.

81 C.G. Jung: *Aion*. GW 9,2, § 219, S. 154.

82 Ebd., § 220, S. 154.

83 D.H. Lawrence: *Liebende Frauen*. S. 164, 168.

84 Ebd., S. 391.

85 C.G. Jung: *Zwei Schriften über analytische Psychologie*. GW 7, § 103, Anm. S. 71.

86 Ebd., § 152, S. 105.

87 Amanda Spake: »The End of the Ride«. S. 40.

88 Zitiert bei Keith Thompson in: »What Men Really Want. A *New Age* Interview with Robert Bly«. S. 32.

89 Ebd., S. 33.

90 *Kinder- und Hausmärchen* der Brüder Grimm.

91 John Donne: *Selected Poems*. Hier der englische Text:
Batter my heart, three-personed God, for you
As yet but knock, breathe, shine, and seek to mend.
That I may rise and stand, *o'erthrow me and bend*
Your force to break, blow, burn and make me new.
I, like an usurped town to another due,
Labor to admit you, but oh, to no end!
Reason, your viceroy in me, me should defend,
But is captived, and proves weak or untrue.

Yet dearly I love you and would be loved fain,
But am betrothed unto your enemy.
Divorce me, untie, or break that knot again,
Take me to you, imprison me, for I
Except you *enthrall me*, shall never be free,
Nor ever chaste except you *ravish me*.

92 Zur Darstellung dieses Themas aus der Sicht einer Frau vgl. Marion
Woodman: *Heilung und Erfüllung durch die Große Mutter.* Kap. 8, »Die
hingerissene Braut«.

93 Vgl. Fox Butterfield: »College Sexual Assault Case Stirs Massachusetts.«
New York Times, 2. Juli 1986.

94 C.G. Jung: *Zwei Schriften über analytische Psychologie.* GW 7, § 254f,
S. 180, 185.

95 C.G. Jung: »Das Wandlungssymbol in der Messe«. *Zur Psychologie*
westlicher und östlicher Religion. GW 11.

96 Ich bin mir bewußt, daß die Kundalini – im indischen Tantra die Lebenskraft im Innern – als weibliche Energie aufgefaßt wird. Ich sehe diese
Überlieferung etwas freier, da die Energie des Phallus in diesem Traum
und auch allgemein der Bewegung der Kundalini zu ähneln scheint. Vom
Psychoiden her gesehen kann es gut sein, daß die beiden tatsächlich eins
sind. Außerdem ließe sich interessanterweise auch denken, daß der *Lin-*
gam-Phallus, um den sich die Kundalini der Überlieferung nach ringelt
– und »seinen« Mund mit »ihrem« bedeckt – die Kraftquelle der Kundali-
ni-Energie ist.

97 Vgl. z.B. Ajit Mookerjee und Madhu Khanna: *Die Welt des Tantra.*

98 *The Shorter Catechism*, Frage 1 (7.001).

99 John Boswell: »Homosexuality, Religious Life and the Clergy«.

100 Vgl. Anm. 22. (Thorkil Vanggaard: *Phallos.* S. 14.)

101 Vgl. »Crime in the Bedroom«, Leitartikel der *New York Times*, 2. Juli
1986.

102 Z.B. Epheser 5, 22-32.

103 Boswell: a.a.O., S. 251.

104 *New York Times*, Artikel von Sandra Blakeslee, 26. August 1985.

105 T.S. Eliot: *Gedichte.* S. 15: »J. Alfred Prufrocks Liebesgesang«: »Ob
ich mir die Haare scheitle? Ob ich Pfirsiche verzehr? Ich will weiße
Flanellhosen tragen und wandern am blauen Meer.«

106 C.G. Jung: »Die Syzygie: Anima und Animus.« *Aion.* GW 9,2, § 20-42.

107 Vgl. Irene Claremont de Castillejo: *Die Töchter der Penelope*; und Mary
Esther Harding: *Der Weg der Frau*, und *Frauen-Mysterien, einst und*
jetzt.

108 Irene Claremont de Castillejo: a.a.O., S. 180ff.

109 Vgl. Marion Woodman: *Leben aus der Kraft der Göttin.* Kap. 2, »Trage
es wie ein Mann«: Die innere Verlassenheit der schöpferischen Frau.

110 Mary Esther Harding: *The I and the Not-I.*

Literatur

Bachofen, J.J.: *Das Mutterrecht: Eine Untersuchung über die Gynaikokratie der alten Welt nach ihrer religiösen und rechtlichen Natur*. (1861). Schwabe & Co., Basel 1948.

Boswell, John: *Christianity, Social Tolerance and Homosexuality: Gay People in Western Europe from the Beginning of the Christian Era to the Fourteenth Century*. University of Chicago Press, Chicago 1980.

Boswell, John: »Homosexuality, Religious Life and the Clergy«. Bandaufnahme einer Einführung beim Symposium II, 8.-10. Nov. 1985. New Ways Ministry, Mt. Rainier, Maryland 1985.

Claremont de Castillejo, Irene: *Die Töchter der Penelope. Elemente des Weiblichen*. Walter, Olten u. Freiburg 1979.

Cook, Roger: *The Tree of Life*. Avon Books, New York 1974.

Daniélou, Alain: *Shiva and Dionysus: The Religion of Nature and Eros*. Übers. K.F. Hurry. Inner Traditions International, New York 1984.

De Rola, Stanislas Klossowski: *Alchemy: The Secret Art*. Avon Books, New York 1973.

Donne, John: *Selected Poems*. Hrsg. Matthias A. Shaaber. Appleton-Century-Crofts, New York 1958.

Elder, George R.: »Phallus«. Artikel zur Veröffentlichung in *The Encyclopedia of Religion*. Hrsg. Mircea Eliade. The Free Press, New York (erscheint noch).

Eliade, Mircea: *Ewige Bilder und Sinnbilder. Vom Unvergänglichen menschlichen Seelenraum*. Übers. Theodor Sapper. Walter, Olten u. Freiburg 1958.

Eliade, Mircea: *Schamanismus und archaische Ekstasetechnik*. Übers. Inge Köck. Suhrkamp, Frankfurt 1975.

Eliot, T.S.: *The Complete Poems and Plays*. Harcourt, Brace and Co., New York 1952.

Eliot, T.S.: *Gedichte. Englisch und deutsch*. Suhrkamp, Frankfurt 1964.

Eliot, T.S.: *Vier Quartette*. Amandus-Edition, Wien 1948.

Franz, Marie-Louise von: *C.G. Jung. Sein Mythos in unserer Zeit*. Huber, Frauenfeld, Stuttgart 1972.

Franz, Marie-Louise von: *Der ewige Jüngling. Der Puer Aeternus und der kreative Genius im Erwachsenen*. Kösel, München 1987.

Freud, Sigmund: »Die endliche und die unendliche Analyse«. *Gesammelte Werke*, Bd. 16. Fischer, Frankfurt 1961.

Freud, Sigmund: »Die Zukunft einer Illusion«. *Gesammelte Werke*, Bd. 14. Fischer, Frankfurt 1961.

Grimm, Brüder: *Kinder- und Hausmärchen*. Bd. 3. Insel, Frankfurt 1984.

Harding, Mary Esther: *Frauen-Mysterien, einst und jetzt*. Mit einem Geleitwort von C.G. Jung. Rascher, Zürich 1949.

Harding, Mary Esther: *The I and the Not-I*. (Bollingen Series LXXIX) Princeton University Press, Princeton 1965.

Harding, Mary Esther: *Der Weg der Frau.* Mit einer Einleitung von C.G. Jung. Rhein-Verlag, Zürich 1939.

Hillman, James: *Re-Visioning Psychology.* Harper and Row, New York 1975.

Hogenson, George B.: *Jung's Struggle with Freud.* Notre Dame Press, Notre Dame 1983.

Jaffé, Aniela: *Aus Leben und Werkstatt von C.G. Jung.* Rascher, Zürich, Stuttgart 1968.

Jung, C.G.: *Erinnerungen, Träume, Gedanken.* Aufgez. u. hrsg. von Aniela Jaffé. Walter, Olten u. Freiburg 1986.

Jung, C.G.: *Gesammelte Werke.* Bd. 1-19. Walter, Olten u. Freiburg.

Larousse Encyclopedia of Mythology, New. Hamlyn, London 1968.

Lawrence, D.H.: *Liebende Frauen.* Rowohlt, Reinbek 1967.

Lopez-Pedraza, Rafael: *Hermes and His Children.* Daimon, Einsiedeln 1989.

Mindell, Arnold: *The Dreambody. Körpersymptome als Sprache der Seele.* Bonz, Fellbach-Oeffingen 1986.

Money, John und Ehrhardt, Anke A.: *Man and Woman, Boy and Girl.* Johns Hopkins University Press, Baltimore 1972.

Mookerjee, Ajit und Khanna, Madhu: *Die Welt des Tantra.* Heyne, München 1990.

Neumann, Erich: *Die Große Mutter. Eine Phänomenologie der weiblichen Gestaltungen des Unbewußten.* Walter, Olten u. Freiburg 1985.

Neumann, Erich: *Tiefenpsychologie und neue Ethik.* Fischer, Frankfurt 1985.

Neumann, Erich: *Ursprungsgeschichte des Bewußtseins.* Fischer, Frankfurt 1984.

Otto, Rudolf: *The Idea of the Holy.* (Übers. John W. Harvey.) Oxford University Press, London 1923.

Otto, Rudolf: *Das Heilige.* Über das Irrationale in der Idee des Göttlichen und sein Verhältnis zum Rationalen. Beck, München 1987.

Otto, Walter F.: *Dionysos. Mythos und Kultus.* Vittorio Klostermann, Frankfurt 1960.

Radin, Paul: *The Trickster: A Study in American Indian Mythology.* Commentaries by Karl Kerényi and C.G. Jung. Schocken Books, New York 1972.

Reik, Theodor: *Hören mit dem dritten Ohr. Die innere Erfahrung eines Psychoanalytikers.* Hoffmann und Campe, Hamburg 1976.

Sharkey, John: *Celtic Mysteries: The Ancient Religion.* Avon Books, New York 1975.

Sharp, Daryl: *The Secret Raven: Conflict and Transformation.* Inner City Books, Toronto 1980.

Shorter Catechism, The. 2. Aufl. Part One, Book of Confessions. Office of the General Assembly, United Presbyterian Church, Philadelphia 1970.

Spake, Amanda: »The End of the Ride: Analyzing a Sex Crime«. In: *Sex, Porn and Male Rage.* Spezialausg. von *Mother Jones*, April 1980.

Spielrein, Sabina: *Tagebücher, Briefe und Schriften. Bd. 1: Tagebuch einer heimlichen Symmetrie. Sabina Spielrein zwischen Jung und Freud.* Hrsg. von Aldo Carotenuto. Kore, Freiburg 1986.

Thompson, Keith: »What Men Really Want: A *New Age* Interview with Robert Bly«. In: *New Age*, Mai 1982.

Vanggaard, Thorkil: *Phallos. Symbol und Kult in Europa.* List, München 1971. (auch *Phallos, Eros und Macht.* Asanger, Heidelberg, 2. Aufl. 1979.)

Westropp, Hodder M. und Wake, C. Stanaland: *Phallicism in Ancient Worship.* J.W. Bouton, New York 1875.

Wilson, Mitchell und die Hrsg. des Magazins *Life: Energy.* Life Science Library (Time, Inc.) New York 1963.

Woodman, Marion: *Heilung und Erfüllung durch die Große Mutter.* Eine psychologische Studie über den Zwang zur Perfektion und andere Suchtprobleme als Folge ungelebter Weiblichkeit. Ansata, Interlaken 1987.

Woodman, Marion: *Leben aus der Kraft der Göttin.* Eine psychologische Studie über die Neugeburt des Weiblichen. Ansata, Interlaken 1988.

Wright Thomas: A Worship of the Generative Powers. (1866) Neudruck in: Richard Payne Knight und Thomas Wright: *Sexual Symbolism: A History of Phallic Worship.* The Julian Press, New York 1957.

Bildnachweis

S. 8,15,25,34,61,96 (links),133 aus: *Eros in Antiquity.* The Erotic Art Book Society, New York. 1978.

S. 37,69,73 (links),96 (rechts) aus: Francis Huxley: *The Way of the Sacred.* Doubleday and Company, New York, 1974.

S. 43 aus: Namio Egami: *Beginnings of Japanese Art.* Weatherhill, New York, 1973.

S. 73 (rechts) aus: Jill Purce: *Die Spirale.* Kösel, München, 1988.

S. 93 aus: Roger Cook: *The Tree of Life.* Avon Books, New York, 1974.

S. 107 aus: Stanislas K. de Rola: *Alchemy: The Secret Art.* Avon Books, New York, 1973.

S. 109 aus: Joseph Campbell: *The Mythic Image* (Bollingen Series C). Princeton University Press, Princeton, 1974.

S. 76,89,91,104,155 aus: C.G. Jung: *Psychologie und Alchemie*, GW 12.

S. 160, Zeichnung von: Aubrey Beardsley für: Aristophanes: *Lysistrata.* Wiener Verlag Fritz Freund, Wien, 1905.

Register